AG SPAK
Arbeitsgemeinschaft sozialpolitischer Arbeitskreise
Materialien der AG SPAK – M 249

Werner Rätz, Hardy Krampertz

Bedingungsloses Grundeinkommen – woher, wozu und wohin?

AG SPAK Bücher

Impressum

1. Auflage 2011

ISBN 978-3-940865-24-3

Satz + Umschlaggestaltung: H. Zimmermann, W. Schindowski

Titelbild: © diego cervo - Fotolia.com

Druck und Herstellung: Digitaldruck leibi.de, www.leibi.de

Erscheinungsort: Neu-Ulm

Die Veröffentlichung erscheint als M 249 in der Reihe Materialien der AG SPAK bei

AG SPAK Bücher Tel. (07308) 91 92 61
Holzheimer Str. 7 Fax (07308) 91 90 95
89233 Neu-Ulm E-Mail: spak-buecher@leibi.de / www.agspak-buecher.de

Auslieferung für den Buchhandel: SOVA, Frankfurt Fax 069/410280

Mitglied bei aLiVe

Bibliografische Information der Deutschen Bibliothek
Die Deutsche Bibliothek verzeichnet diese Publikation in der Deutschen Nationalbibliografie; detaillierte bibliografische Daten sind im Internet über http://dnb.ddb.de abrufbar.

Inhalt

Block C:

Block D:

Einführung

Dieses Buch dokumentiert zwar die Ausstellung „bedingungsloses Grundeinkommen", die in Zusammenhang mit dem dritten deutschsprachigen Grundeinkommenskongresses im Oktober 2008 in Berlin entstanden ist. Aber es handelt sich gleichzeitig um deutlich mehr als ein Begleitheft oder um einen Katalog zur Ausstellung. Unser Anspruch ist es, zu zeigen, dass die Idee des bedingungslosen Grundeinkommens umfassende Visionen einer Gesellschaft transportiert, in der es den Individuen als TrägerInnen der Menschenrechte möglich ist, nein zu jeder Zumutung zu sagen, der sie sich nicht freiwillig stellen wollen.
Deshalb ist das bedingungslose Grundeinkommen auch kein technisches Konzept, das sich kluge Leute ausdenken und das man dann nur noch verwirklichen muss. Nicht Gesetzesvorschläge und Bundestagsabstimmungen werden uns dem Grundeinkommen näherbringen, sondern das lebendige Bemühen der Menschen, die Baustelle Gesellschaft selbst, selbstbewusst und mit aller ihnen möglichen Kreativität zu gestalten.

Das klingt emanzipatorisch und positiv, fast wie ein Traum, und ist auch genau das. Und eben deshalb handelt es sich um einen hoch konfliktiven Vorschlag. Wir leben in einer Gesellschaft, weltweit wie national, in der einige mehr Macht, Einfluss und Durchsetzungsmöglichkeiten haben als andere, und zwar nicht zufällig und gelegentlich, sondern systematisch. Die werden nicht von sich aus begeistert sein von einem Vorschlag, der es allen ermöglicht, sich ihrer Macht und ihrem Einfluss zu entziehen und sich auf ihre eigenen Bedürfnisse zu besinnen.

Um das Grundeinkommen gibt es also gesellschaftlichen Streit und es wird ihn weiter geben. Diese Auseinandersetzungen sind wichtig und machen einen Teil der Qualität eines späteren Grundeinkommens aus. Oft werden wir in Diskussionen gefragt, ob die Menschen denn schon „reif" für ein Grundeinkommen wären und damit für eine Gesellschaft, in der sie selbstverantwortlich über ihre Tätigkeit entscheiden können. Ja, es stimmt, eine solche Gesellschaft entsteht nicht aus dem Nichts. Sie kann nicht verordnet oder sozusagen als Geschenk den Menschen übergestülpt werden. Sie will erarbeitet und eingeübt sein.

Und genau das geschieht in den Auseinandersetzungen um die Einführung eines bedingungslosen Grundeinkommens. Diese gesellschaftlichen Kämpfe sind es, die den Menschen das Selbstbewusstsein geben, für ihre eigenen Anliegen selbst verantwortlich sein zu wollen und zu können. Ein späteres Grundeinkommen wird genau so viel wert sein wie die Kämpfe, die darum geführt worden sind. Die Phantasie diesbezüglich anzuregen, Richtungen aufzuzeigen, in die das gehen könnte, mögliche PartnerInnen zu benennen ist Anliegen dieses Buches.

Die Ausstellung selbst gibt in vier Blöcken einen Einblick in die Fragen: „Was ist ein bedingungslosen Grundeinkommen?", „Wie kann es Wirklichkeit werden?", „Wer oder was spricht dagegen?", „Was bewirkt es?" Die Ausstellungstafeln stellen je abgeschlossene Aussagen dar, die je für sich lesbar und verständlich sind. Sie enthalten aber immer auch Elemente, die über die unmittelbare Aussage hinausführen. Wir werden sie im Folgenden als Aufhänger nehmen, um jeweils einen solchen Aspekt etwas auszuführen, der sich nur indirekt aus den Aussagen der Tafel ergibt. Das Anliegen ist es also, die Aussagen der Tafeln über sich selbst hinaus zu öffnen und die Kreativität der LeserInnen anzuregen. Grundeinkommen wäre in diesem Sinne als eine Richtungsforderung zu verstehen, die uns zeigt, wo es einmal hingehen könnte, ohne dass damit genaue Handlungsanweisungen für hier und jetzt verbunden wären.

Formal wird das so aussehen, dass nach der Dokumentation der Tafel das jeweilige Thema benannt und sehr kurz erläutert werden wird. Dann werden wir einen oder mehrere Buchtipps mit Kurzbesprechung, Internetadressen benennen, wo man sich weitergehend informieren kann und schließlich in einem Text einige Elemente des angesprochenen Themas darstellen. Diese Texte sind manchmal zitiert, dann in der Regel auch für die Bedürfnisse der Darstellung in unserem Rahmen gekürzt oder bearbeitet. In diesen Fällen ist angegeben, wo der Originaltext herkommt und nachgelesen werden kann. Texte ohne AutorInnen- und Quellenangabe sind von uns speziell für dieses Buch geschrieben worden. Einige Themen konnten aus Platzgründen in der Ausstellung selbst nicht behandelt werden. Sie werden hier in Form von Exkursen eingebaut.

Wir, beide Autoren der Ausstellung und des Buches, sind seit vielen Jahren in der Attac-AG „genug für alle" engagiert. Diese AG setzt sich aktiv für ein bedingungsloses Grundeinkommen ein und hat vielfältige Initiativen diesbezüglich unternommen. Wir haben dieses Engagement immer so verstanden, dass es einen Bezug zu den real stattfindenden Auseinandersetzungen um ein gutes Leben hier und jetzt haben muss. Das Grundeinkommen ist kein Wolkenkuckucksheim, das in der Phantasie an die Stelle von als unzulänglich und repressiv erlebten Sozialsystemen treten könnte, es ist auch nicht der magische *deus ex machina*, der alle Probleme löst, sondern ein Vorschlag, der Kraft und Richtung gibt beim Eingreifen in die täglichen sozialpolitischen Auseinandersetzungen. Damit irritieren wir gelegentlich unsere PartnerInnen in beiden Bewegungen. Vor allem für KollegInnen in den Gewerkschaften sind unsere Überlegungen der Trennung von Erwerbsarbeit und Einkommen oft schwer nachvollziehbar. Und umgekehrt löst es in der Grundeinkommensbewegung manchmal Befremden aus, wenn wir von Migration, den Schulden des Südens oder der ökologischen Frage reden. Aber wir sind überzeugt, dass die Dinge so zusammengehören und muten sie deshalb nicht nur unseren politischen PartnerInnen, sondern auch unseren LeserInnen zu.

Was ist ein bedingungsloses Grundeinkommen?

Die Debatte um das bedingungslose Grundeinkommen ist sehr lebendig und dementsprechend viele Vorstellungen davon kursieren, was es denn nun eigentlich sein solle, das Grundeinkommen. Es kommt zwar immer wieder vor, dass einzelne ProtagonistInnen einfach von „dem" Grundeinkommen reden, aber tatsächlich sind nicht einmal die Begrifflichkeiten vereinheitlicht. In der Regel ist dann von Grundeinkommen die Rede, wenn es um Zahlungen geht, die die ersten vier in Tafel 1 dargestellten Bedingungen erfüllen (individuell, ohne Arbeitszwang, ohne Bedürftigkeitsprüfung, existenzsichernd), und dann von Grundsicherung, wenn Bedingungen irgendwelcher Art damit verbunden sind.

Aber das ist keineswegs sicher, vor allem der Begriff Bürgergeld wird vielfach benutzt, um eigene Verständnisse und Zugänge deutlich zu machen. Benutzen manche (wie etwa Wolfgang Engler, siehe Tafel 10) ihn noch, um auf das hinzuweisen, was das Wort selbst sagt, also auf einen Zusammenhang mit (staats-)bürgerlichen Rechten, so hat er bei anderen eher die Funktion, geringe Leistungen hinter wohlklingenden Begriffen verschwinden zu lassen (so etwa beim „solidarischen Bürgergeld" von Dieter Althaus oder noch deutlicher dem „liberalen Bürgergeld" der FDP, das ausdrücklich kein Grundeinkommen sein will).

Ähnliches gilt für die Bezeichnung „negative Einkommensteuer". Einerseits handelt es sich dabei um eine Art und Weise, Ansprüche aus dem Grundeinkommen und Verpflichtungen aus dem Steuersystem gegeneinander aufzurechnen (siehe Tafel 3), und insofern um einen technischen Begriff. In diesem Sinne wird er in einigen Vorschlägen benutzt, etwa bei den Grünen, aber auch bei der *BAG Grundeinkommen* bei der Linken und bei der *Attac AG genug für alle*. Andererseits war es dieser Modus, unter dem in den USA schon in den 60er Jahren eine Zahlung diskutiert wurde, deren Zweck hauptsächlich darin bestand, die Menschen mit so geringen materiellen staatlichen Hilfen auszustatten, dass sie einem faktischen Arbeitszwang um jeden Preis unterlagen. Deshalb bündelt die Bezeichnung oft Befürchtungen vor einem organisierten Verarmungsprogramm.

In der deutschsprachigen Debatte gibt es die Spezialität, dass vor allem durch die Rolle des Professors und Unternehmers Götz Werner für manche ein bestimmtes Finanzierungsmodell so eng mit dem Grundeinkommen verbunden ist, dass es als identisch gelten könnte. Der Vorschlag zielt darauf, das Steuersystem insgesamt von direkten Steuern zu befreien und auf Umsatzsteuern umzustellen. Zwar ist dies in der Werner'schen Vorstellung in der Tat strategisch zentral und wird auch vielfach unterstützt, aber es handelt sich dennoch nur um einen Finanzierungsvorschlag unter vielen. Die Idee des Grundeinkommens funktioniert völlig unabhängig davon und manche Kritik, die sich lediglich am Finanzierungsmodus festmacht, geht insofern weit daneben.

Einige Beteiligte an der Grundeinkommensdebatte haben ihre Vorstellungen in Modellen zusammengefasst. Das erweist sich vor allem für Akteure im etablierten Politikbetrieb (also meist in den verschiedenen Parteien) als hilfreich, hat für die gesamte Vielfalt der Bewegung aber auch negative Auswirkungen. Die betreffen zunächst einmal die publizistische und wissenschaftliche Wahrnehmung der Debatte, die sich weitgehend auf die Rezeption der Modelle beschränkt. Im Vergleich der Modelle wird tendenziell all das unsichtbar, was eigenständig, unvergleichbar, individuell ist.

Besonders schade ist das für die riesige Kreativität, die die Grundeinkommensidee immer wieder freisetzt. In Veranstaltungen im Saal oder bei Infoständen auf der Straße geschieht es regelmäßig, dass Menschen anfangen zu überlegen, wie ihr Leben sich wohl ändern würde, wenn sie ein Grundeinkommen hätten, oder wie es anders verlaufen wäre, hätten sie es gehabt. Sie entwickeln Ideen, was sie gerne tun möchten und was sie besonders gut tun könnten. Sie schmieden miteinander Pläne und entwickeln Projekte.

Oft fangen einige dann auch an, Aspekte dieser Überlegungen umzusetzen. Da entstehen Projekte gegenseitiger Hilfe oder gemeinsamer Gestaltung von Teilbereichen des täglichen Lebens. Da wird Geld gesammelt, um wem auch immer und wo auch immer ein „Grundeinkommen" auszuzahlen. Da werden Modellprojekte für bestimmte Personengruppen oder Orte oder Zeiten entworfen. Manchmal verschwindet dabei vor Begeisterung über das Konkrete der gesellschaftliche Kern der Grundeinkommensidee, der ja darin besteht, dass alle, jede und jeder, mit der je eigenen Produktivität und Kreativität in der Gesellschaft anerkannt und materiell abgesichert sein sollen.

Zwar haben wir die Notwendigkeit der selbstbewussten Kämpfe für die eigenen Bedürfnisse betont, aber die Grundeinkommensidee löst sich eben nicht auf in ein „Das machen wir mal selber". Sie bleibt mit dem Anspruch der gesellschaftlichen Regulierung verbunden. Zwar kann nicht die Geldzahlung als solche ein Menschenrecht sein, sondern immer nur ein Mittel zu seiner Umsetzung. Aber Teilhabe am gesellschaftlichen Leben und am allgemeinen Reichtum ist ein Menschenrecht und die menschenrechtliche Begründung damit zentral für die gesamte Idee des Grundeinkommens.

Was ist ein bedingungsloses Grundeinkommen?

Ein bedingungsloses Grundeinkommen ist eine staatliche Geldzahlung, die Menschen in folgender Weise erhalten

individuell denn das Individuum ist Träger der Menschenrechte und nicht irgendeine Bedarfsgemeinschaft

ohne Bedürftigkeitsprüfung denn solche Prüfungen auf Ämtern führen immer dazu, dass Menschen, die auf Hilfe angewiesen sind, sie nicht bekommen

ohne Arbeitszwang denn mit Zwang kann niemand gut und kreativ tätig sein

in existenzsichernder Höhe denn nur, wenn Menschen sich keine Angst um ihr materielles Überleben machen müssen, können sie ihre Möglichkeiten und Potenziale voll entfalten

für alle, die hier sind denn es darf nicht zweierlei Recht für Menschen am gleichen Ort geben

www.grundeinkommen-attac.de

Migration

„Solange die extremen wirtschaftlichen Unterschiede zwischen reichen und armen Ländern bestehen", schreibt die österreichische Journalistin Corinna Milborn, „werden Menschen auch unter Lebensgefahr dem Geld nachwandern. Damit gibt es nur eine mögliche Variante für ein Grundeinkommen: die globale. Grundeinkommen lokal oder regional zu denken, ist daher unrealistisch. Wer das tut, übersieht den großen Haken Migration."

Zum Lesen

- *Corinna Milborn: Gestürmte Festung Europa. Einwanderung zwischen Stacheldraht und Ghetto.* Das Schwarzbuch. Styria Verlag, Wien 2006, 280 Seiten, ISBN 978-3-22213 205-6, 19,90 €

Die europäischen Außengrenzen sind tödlicher, als es der sogenannte Eiserne Vorhang im Osten jemals war. Obwohl die Grenzen und Auffanglinien inzwischen immer weiter nach Nordafrika und in die Herkunftsländer verlegt werden, sterben nach wie vor Tausende beim Versuch, in die EU zu gelangen. Auf Lokalaugenschein in den Einwandererghettos und den Hochburgen der Illegalisierten, in Gesprächen mit den Betroffenen hat Corinna Milborn herausgefunden, was diese Menschen denken und was sie bewegt. Ein erschütternder Zustandsbericht über die verzweifelte Lage von Menschen am Rand der europäischen Gesellschaft.

Im Internet

- http://www.afrique-europe-interact.net/

Die Webseite des Aktionsnetzwerkes mit vielen aktuellen Beipielen für Kämpfe und Widerstand

- http://nolager.de

Die (alte) Seite des NoLager-Netzwerkes mit grundlegenden Informationen

- http://www.eza.org/de/veroeffentlichungen/seminarberichte/mobilitaet-und-migration-von-arbeitnehmern/der-arbeitsbegriff-im-wandel-die-bedeutung-des-demografischen-wandels-und-der-migration-fuer-den-arbeitsmarkt.html

Ein Seminarprojekt aus der europäischen Christdemokratie: Die Bedeutung des demografischen Wandels und der Migration für den Arbeitsmarkt in der EU

- http://www.forumcivique.org

Die Webseite des Europäischen Bürgerforums mit umfassenden Informationen und Texten, insbesondere auch zur Landwirtschaft und dem Widerstand der Betroffenen

Grundeinkommen für alle, die hier sind

In der internationalen Grundeinkommensbewegung gibt es unterschiedliche Vorstellungen davon, was ein bedingungsloses Grundeinkommen leisten muss. Einigkeit besteht bezüglich der ersten drei auf der Tafel genannten Kriterien. Bezüglich der Höhe haben sich zwar die Netzwerke in den deutschsprachigen Ländern darauf verständigt, dass sie entscheidend ist (von der Höhe hängt es ab, ob ich gegebenenfalls zu Zumutungen nein sagen kann), aber für viele Länder des Südens stellt sich die Frage anders dar (siehe Tafel 8: Sozialgeldtransfer). Auch bezüglich der Migration könnte schon ein geringer Betrag dazu führen, dass viele Menschen nicht auswandern würden. Schließlich verlassen nicht wenige ihre Heimat lediglich aus Not.

Attac Deutschland beziehungsweise seine *AG genug für alle* hat sich aber darauf verständigt, dass es ein fünftes Kriterium geben muss, das ein bedingungsloses Grundeinkommen zu erfüllen hat: Es muss an alle gezahlt werden, die hier leben. Das hat etwas mit unserem menschenrechtlichen Grundverständnis zu tun. Meist ist die Vorstellung, wer zum Bezug eines bedingungslosen Grundeinkommens berechtigt sein soll, an die Staatsbürgerschaft oder an eine gewisse (legale) Aufenthaltsdauer gebunden. Das führt aber dazu, dass allein etwa eine Million Menschen, die dauerhaft hier leben, vom Bezug des bedingungslosen Grundeinkommens ausgeschlossen wären. So hoch wird nämlich die Zahl derer geschätzt, die sich ohne gültige Papiere in Deutschland aufhalten. Menschenrechtlich wäre das ein unhaltbarer Zustand, schließlich widerspricht es vollständig einem modernen Rechtsverständnis, dass einige am gleichen Ort Rechte haben, die andere ebendort nicht haben.

Diese Auffassung hat Konsequenzen. Die betreffen zum einen die Frage der Auszahlung eines Grundeinkommens. Schließlich werden Menschen ohne gültige Papiere regelmäßig ausgewiesen, wenn sie den Behörden bekannt werden. Dennoch leben die Illegalisierten hier, gehen zur Arbeit, ihre Kinder besuchen Kindergärten und Schulen. Es gibt also Möglichkeiten, wie sie unauffällig Rechte in Anspruch nehmen können. Es wird darum gehen, Modalitäten zu finden, wie eine Auszahlung des bedingungslosen Grundeinkommens etwa über die Kommunen auch für sie handhabbar wird, ohne dass sie sich ausweisen müssen. Dabei werden Überlegungen wichtig, Teile des Grundeinkommens als öffentliche Infrastruktur zu denken, die für die BenutzerInnen kostenlos ist.

Zum zweiten bedeutet die menschenrechtlich konsequente Position, ein Grundeinkommen für alle zu fordern, die hier sind, aber gleichzeitig auch, dass man es als ein Projekt der globalen Umverteilung von Nord nach Süd begreifen muss. Menschen sind zu allen Zeiten ihrer Geschichte von zu Hause weg und woanders hin gegangen. Meist war das für alle Beteiligten ein produktiver und nützlicher Austausch. Anders stellt sich die Situation dann dar, wenn sehr viele Menschen auf Grund wirtschaftlicher oder anderer Notlagen gleichzeitig in dieselbe Weltregion wollen. Das ist heute der Fall, weil ein jahrhundertelanger Prozess des europäischen Kolonialismus die Lebensmöglichkeiten für immer mehr Menschen in der sogenannten Dritten Welt zerstört hat (siehe Exkurs: Globalisierung und Schulden).

Ein globales bedingungsloses Grundeinkommen muss dafür sorgen, dass für die Menschen im Süden wieder Lebensmöglichkeiten in ihren Heimatländern entstehen. Das Weggehen ist für die meisten nur eine letzte verzweifelte Möglichkeit, in der Regel suchen sie nach Wegen, zu Hause zurechtzukommen. Oft gehen Einzelne und schicken den Daheimgebliebenen regelmäßig Geld. Schon heute leben viele Menschen von diesen Rücküberweisungen. In einigen Ländern machen sie ein Viertel und mehr des gesamten Bruttoinlandprodukts aus, auch wenn es sich im Einzelnen oft um sehr kleine Beträge handelt. Hier könnten schon geringe Grundeinkommenszahlungen große Wirkungen haben.

Dabei muss klar sein: Ein menschenrechtlicher Standpunkt verlangt aus Gründen der historischen und moralischen Gerechtigkeit einen solchen Ausgleich. Es kann nicht das eigentliche Ziel sein, Menschen an ihrer Bewegungsfreiheit zu hindern. Die muss – und kann – ihnen in einer gerechten Welt ohne Weiteres ermöglicht werden.

Exkurs

Die arm gemachten Länder des Südens oder bedingungsloses Grundeinkommen (BGE) als Projekt globaler Umverteilung

Seit langem ist bekannt, dass der Reichtum auf der Welt höchst ungerecht verteilt ist. Obwohl noch niemals so viel Reichtum existierte wie heute, gab es auch noch nie so viele arme und hungernde Menschen. Dabei wird seit Jahrzehnten Entwicklungshilfe gezahlt, es gab für die ärmsten Länder Schuldenerlasse und pausenlos finden Gespräche und Verhandlungen über wirtschaftliche Zusammenarbeit statt. Trotzdem verringert sich die Ungleichheit nicht, sondern wird größer.

1982 stellte mit Mexiko erstmals in der jüngsten Geschichte ein Land seine Schuldenzahlungen wegen Zahlungsunfähigkeit ein. Dem war ein etwa zehnjähriger Prozess vorausgegangen, in dem auf den internationalen Kreditmärkten dramatische Veränderungen stattgefunden hatten. In der ersten Hälfte der 70er Jahre hatte sich vor allem bei privaten VermögensbesitzerInnen sehr viel Geld angesammelt. Der Schah von Persien etwa wollte 1974 eine hohe Summe bei Krupp investieren und hatte Mühe, sein Geld loszuwerden. Schließlich konnte er zweimal 300 Mio. Ecu unterbringen, etwa 1,25 Mrd. DM. Damit war das wirklich dringende und drängende Problem offenbar: Wohin mit dem vielen Geld der großen VermögensbesitzerInnen?

Die damals gefundenen Antworten gehen in zwei Richtungen und prägen bis heute die Struktur der Weltwirtschaft. Einmal wurde die Funktion der Finanzmärkte systematisch ausgeweitet und so die Grundlage der vielen Krisen gelegt (siehe Exkurs: 4 Krise). Zweitens wurde die Kreditvergabe vor allem an die Länder des Südens erheblich ausgeweitet. Die waren großenteils erst ganz frisch unabhängig geworden und planten oft große Entwicklungsprojekte. Wegen des vielen anlagesuchenden Kapitals waren die Zinsen niedrig. Obwohl bereits der zweite Weltwirtschaftsgipfel 1976 davor warnte, dass die hohe Verschuldung der Entwicklungsländer ein Problem werden könnte, ging die Kreditvergabe munter weiter.

Ende des Jahrzehnts erhöhte die US-Zentralbank die Zinsen drastisch, zu Beginn der 80er-Jahre nach Amtsantritt von Präsident Reagan stiegen sie zeitweise auf über 20 Prozent. Das überforderte fast alle Länder des Südens und führte zu Mexikos Pleite. Für eine solche Situation gab es keine Regeln. Innerstaatlich gibt es das Insolvenzrecht, das dazu führt, dass für Privatleute wie für Unternehmen nach Abzahlung dessen, was geleistet werden kann, ein neuer Anfang möglich ist. International bestimmten die Gläubiger allein und die hatten gar kein Interesse an neuen Anfängen. Im Gegenteil, für die Bank ist es gar nicht günstig, wenn eine Schuldnerin ihren Kredit zurückzahlt. Da muss sie nur eine andere suchen, die das Geld erneut leiht. Einfacher ist es, wenn die bisherige Schuldnerin immer weiter Zinsen zahlt; die Tilgung ist dann nicht mehr bedeutsam.

Genau auf diesen Ablauf hat sich das internationale Schuldenmanagement nach und nach eingestellt. Wer nicht mehr zahlen kann, bekommt neue Kredite, um die alten abzulösen. Dafür muss das Land dann bestimmte politische Maßnahmen zusagen. Diese Verhandlungen waren lange als Strukturanpassung bekannt, heute tragen sie andere Namen, sind in der Sache aber gleichgeblieben. Es geht darum, dass die GläubigerInnen bestimmen, in welcher Form die SchuldnerInnen zukünftig ihren Reichtum produzieren sollen. Da geht es dann nicht mehr, dass beispielsweise schwarze Bohnen und Maniok als Grundnahrungsmittel für die lokale Bevölkerung angebaut werden. Die bringen keine Geld, schon gar keine Devisen. Es müssen Produkte für den Weltmarkt her, etwa Erdbeeren, Tomaten und Paprika für den nordamerikanischen oder europäischen Markt im Winter. Da das nur in Bewässerungslandwirtschaft möglich ist, kann man dem Land auch gleich noch einen weiteren Großkredit für den notwendigen Staudammbau aufdrücken. Die dort lebenden Menschen müssen weichen und vergrößern die Zahl der Einkommenslosen in den Städten. All das passierte beispielsweise im Nordosten Brasiliens in dieser Zeit in großem Umfang.

Hier schließt sich der Kreis zum Thema Grundeinkommen. Auf dem Land hatten die Menschen zwar meist auch kein Geld, aber sie produzierten ihre eigenen Lebensmittel und das sicherte ihnen ein bescheidenes Auskommen. In der Stadt sind sie auf den Markteinkauf angewiesen. Arbeitsplätze für sie gibt es nicht, die Regierungen haben weder Geld für Sozial- noch für Arbeitsplatzbeschaffungsprogramme, weil sie ja Schulden bezahlen müssen. Für alle Entwicklungsländer zusammen haben sich diese seit der mexikanischen Staatspleite 1982 ungefähr vervierfacht, obwohl sie in absoluter Summe bereits mehrfach zurückgezahlt worden sind. Seit Jahrzehnten fließt mehr Geld aus den meisten arm gemachten Ländern des Südens in den reichen Norden als umgekehrt.

Ein bedingungsloses Grundeinkommen muss aus vielen Gründen ein globales Projekt sein. Einer der wichtigsten ist die internationale Gerechtigkeit. Aber auch ökonomisch kann keine Stabilität in die Weltwirtschaft einkehren, wenn sie dauerhaft einseitig zu Lasten der Schwächsten geht. Ein Mindesteinkommen gegen den Hunger (basic food income – siehe Tafel 8: Sozialgeldtransfers und Tafel 12: Ernährungssouveränität), umfassender Schuldenerlass für die arm gemachten Länder und zumindest eine deutliche Begrenzung des Freihandels (siehe Tafel 7) müssten erste Schritte in einem weltweiten Grundeinkommensprogramm sein. Seine Finanzierung aus internationalen Steuern würden die richtige Richtung zeigen. Sowohl eine Finanztransaktionssteuer wie eine Flugbezinabgabe sind verschiedentlich dafür vorgeschlagen worden.

Mehr Informationen

- www.erlassjahr.de

Webseite des deutschen Zweigs der internationalen Kampagne

- http://sjep.revues.org

Schweizer Jahrbuch für Entwicklungspolitik mit umfangreichen Einzeluntersuchungen

Woher kommt die Idee?

Bis in die frühe Neuzeit erhielten die Menschen überall auf der Welt das zum Leben Notwendige ganz überwiegend dadurch, dass sie es selbst anbauten oder herstellten. Das ist für die meisten Menschen auf der Welt auch heute noch so. Nur in einer Marktgesellschaft ist Einkommen die Voraussetzung zum Überleben. Haben die Menschen beides nicht, dann müssen sie nehmen, was sie kriegen. Der Streit darüber ist nicht neu.

Thomas Morus hält 1516 eine Einkommensgarantie für ein weitaus besseres Mittel gegen die Kriminalität als die Todesstrafe.

Thomas Malthus fordert zu Beginn des 19. Jahrhunderts den völligen Verzicht auf jegliche Hilfe für die Armen, weil die sonst nicht mehr arbeiten und stattdessen Kinder produzieren würden.

Paul Lafargue erklärt 1887 die Arbeitssucht verantwortlich für das persönliche Elend der Arbeiter.

www.grundeinkommen-attac.de

Fremdversorgung und Selbstversorgung

Nachdem die britischen Banken *Nothern Rock* und *Royal Bank of Scotland* im Sommer 2008 in Schwierigkeiten gekommen waren, bemühten sich viele ihrer KundInnen um die Auszahlung ihrer Guthaben. Politiker überall auf der Welt waren alarmiert. Was wäre, wenn die Menschen überall dem allgemeinen Zahlungsmittel Geld nicht mehr trauen würden?

Zum Lesen

■ *André Presse: Grundeinkommen. Idee und Vorschläge zu seiner Realisierung.* Institut für Technologie (KIT), Karlsruhe 2010, 184 Seiten, ISBN 978-3-86644-485-0, kostenlos im Netz: http://ebookee.org/Grundeinkommen-Idee-und-Vorschl-ge-zu-seiner-Realisierung_949679.html
Die Dissertation von André Presse liefert eine ausführliche Argumentation für die Notwendigkeit der Fremdversorgung.

■ *Kai Ehlers: Grundeinkommen für alle. Sprungbrett in eine integrierte Gesellschaft.* Pforte Verlag, Dornach 2006, 218 Seiten, ISBN 987-3-85636-191-4, 14,00 €
Ehlers verweist am Beispiel der traditionellen Bauerngemeinden Russlands auf eine Ökonomie, die nicht auf Ware-Geld-Beziehungen beruht, in der nicht produziert wird, weil die Wirtschaft wachsen und das Kapital vermehrt werden muss. Es ginge also um eine Wirtschaft, die dem Bedarf der Menschen folgt, die auf der Basis von Nutzungsrechten und nicht von Eigentum organisiert wäre.

■ *Silke Helfrich und Heinrich-Böll-Stiftung (Hg.): Wem gehört die Welt? Zur Wiederentdeckung der Gemeingüter.* oekom Verlag, München 2009, 288 Seiten, ISBN 978-3-86581-133-2, 24,90 €
„Das Denken weiter Teile der Linken", schreibt Silke Helfrich, „hat sich seit Jahrzehnten in den Dichotomien Staat versus Markt, Kooperation versus Konkurrenz, Privateigentum versus staatliches Eigentum eingerichtet. Dichotome Denkweisen vermögen es nicht, hinreichend Orientierung für neue Essenzen und Konstruktionsprinzipien einer so innovativen wie ressourcenschonenden Wirtschaftsweise zu entwerfen." Es müsste also darum gehen, mit der Wiederaneignung der Allgemeingüter Auswege aus festgefahrenen Gleisen zu gewinnen.

■ *Bernd Czorny: Zugänge zum bedingungslosen Grundeinkommen.* Dezember 2009 (unveröffentlichtes Manuskript)
Ermöglichen neue Produktionstechniken wie etwa 3-D-Drucker zukünftig die Eigenversorgung mit Gütern aller Art auf technologisch höchstem Niveau?

Im Internet

■ http://kai-ehlers.de/category/forum-integrierte-gesellschaft

■ http://commonsblog.wordpress.com
Der Blog von Silke Helfrich zu Allgemeingütern

■ http://www.social-innovation.org/?cat=222
Diskussionsseite für eine Ökonomie ohne Geld

■ http://www.3ddruckerei.com

Auf dem neusten Stand er Technologie

Als vor etwa dreißig Jahren vor allem weibliche WissenschaftlerInnen das Thema Subsistenz wieder in die Diskussion brachten, schien dies vielen Menschen in den Industrieländern eine anachronistische Diskussion. Der Fortschritt schien unaufhaltsam in Richtung Versorgung mit vielfältigen, in diesem Umfang nie gekannten Gütern über den Markt zu gehen. In den 60er Jahren hatten die Vereinten Nationen erstmals eine Entwicklungsdekade ausgerufen, fortschrittliche SoziologInnen in Lateinamerika nannten sich *desarollistas*, also auf Entwicklung bezogene DenkerInnen.

An die Stelle der Entwicklungshilfe trat schon bald die Weltbank mit Strukturanpassung und Zerstörung der lokalen und informellen Lebensmöglichkeiten der Menschen zugunsten von Marktstrukturen. Heute leben weltweit immer noch etwa drei Milliarden Menschen von Subsistenzproduktion, also von den Nahrungsmitteln, die sie im Wesentlichen selbst herstellen oder sammeln. Selbst für viele StadtbewohnerInnen ist dieses Element unverzichtbar. Ist das mehr als eine Notlösung, eine Situation also, die es zu überwinden gilt? Trotz Stadtgärten und zurück zur Natur ist es für viele moderne Menschen keine verlockende Vorstellung, sich umfassend selbst versorgen zu sollen.

In der Grundeinkommensbewegung ist es vor allem Götz Werner, der sehr klar dafür plädiert, die Situation der Fremdversorgung anzunehmen und zu gestalten. Nur eine arbeitsteilige Gesellschaft kann eine bestimmte Vielfalt und Spezialisierung von Produkten bieten. Um die nutzen zu können, sind Menschen dann allerdings auf die Sicherheit eines Einkommens angewiesen. Und die fehlt heute vielen, was zum Beispiel dazu führt, dass zwar Nahrungsmittel für etwa zwölf Milliarden Menschen hergestellt werden, aber dennoch gut eine Milliarde hungert (siehe Tafel 12: Ernährungssouveränität). Genau da liegt also ein sehr starkes Argument für ein bedingungsloses Grundeinkommen: In einer Fremdversorgungswirtschaft ist ein Einkommen die unbedingte Voraussetzung dafür, dass alle Menschen ihr Recht auf Teilhabe und gutes Leben auch verwirklichen können.

Aber wollen und können wir uns darauf verlassen, dass die Fremdversorgungsstrukturen wirklich zuverlässig funktionieren? Auch jenseits der gigantischen ökologischen Zerstörungen durch einen ausgedehnten Welthandel bleibt die Frage, was wäre, wenn das Vertrauen ins Geld zusammenbräche. Wie kämen wir dann zu den notwendigen Gütern? Vor allem KapitalismuskritikerInnen betonen, dass in dieser Wirtschaftsform nur das produziert wird, woran sich etwas verdienen lässt. Kann jemand nicht zahlen, ist sie als Kundin uninteressant und ihre Bedürfnisse bleiben unberücksichtigt. Brauchen wir Selbstversorgungsstrukturen als so etwas wie vorausschauende antikapitalistische Notwehr?

Auch mit dem Bedürfnis der Menschen, die Welt und die Gesellschaft um sich herum aktiv zu gestalten, wird in diesem Zusammenhang argumentiert. So gesehen wäre es eine künstliche Grenze, die Produktion von Gütern und Dienstleistungen in die Erwerbsarbeit zu verlegen und den Zugang zu ihnen über den Markt zu regeln, während die nichtmateriellen Bedürfnisse der Eigentätigkeit überlassen bleiben. Zur Ganzheitlichkeit des Menschen gehöre eben auch die tatsächliche Gestaltung der materiellen Lebens- und Produktionsbedingungen.

Ein recht junger Strang der Debatte weist darauf hin, dass aktuellste technologische Entwicklungen es tatsächlich ermöglichen, Eigenversorgung auf höchstem technologischem Niveau zu erbringen. Geräte wie 3-D-Drucker oder Digital Fabricator *(fabber)* können mit einer Datei und einem Minimum an Ausgangmaterial dreidimensionale Objekte herstellen. Sie existieren bereits als industrielle Großanlagen und in einfachen Varianten für den Hausgebrauch und manche sagen ihnen eine Entwicklung voraus, die derjenigen der Computer vor einigen Jahrzehnten entspricht. Aus ursprünglich nur für Konzerne zugänglichen Großrechenanlagen wurden PC, mit denen wir heute große Teile unseres Alltags gestalten. Könnten in ähnlicher Weise zukünftig Möbel, Haushaltsgeräte oder Fahrzeuge einfach nach individuellem Bedarf sozusagen ausgedruckt werden? Und was würde das für unseren Bedarf an Geld und Einkommen bedeuten?

Exkurs 2

Was ist „Arbeit" und wie funktioniert Vergesellschaftung durch Arbeit?

Der Begriff Arbeit bezeichnet schon in unserer Umgangssprache höchst unterschiedliche Dinge. Er kann schlicht meinen, dass man zu tun hat. Dazu gehören so unterschiedliche Tätigkeiten wie Kartoffeln ernten, Atomkraftwerke entwerfen, Kinder gebären, Groschenromane schreiben oder Lieder singen. Manchmal schwingt dann noch die alte Konnotation von Mühe und Last mit: Ich hatte viel Arbeit heute! Mit diesem Satz wissen wir etwas über die Befindlichkeit der Sprechenden, aber nichts darüber, was ihr so mühsam war. Es könnte durchaus das morgendliche Aufstehen gewesen sein.

Etwas enger gefasst meint Arbeit all die Tätigkeiten, die gesellschaftlich wichtig oder notwendig sind, die getan werden müssen, wenn eine Gesellschaft funktionieren soll. Von unseren obigen Beispielen gehören Kartoffeln ernten und Kinder gebären dazu, Musik und Kunst haben eine solch wichtige und allgemeine Bedeutung, dass sie wohl ebenfalls in diesen Begriff gezählt werden müssten. Atomkraftwerke und Groschenromane sind zwar grundsätzlich überflüssig oder schädlich, aber in unserer heutigen Gesellschaft gelten sie als bedeutsam. Es steht also nicht ein für allemal fest, welche Tätigkeit gesellschaftlich nützlich und notwendig ist.

Deshalb werden einige auch bezahlt und führen uns zu einem dritten Verständnis von Arbeit: Arbeit ist, was bezahlt wird, Arbeit ist Erwerbsarbeit. So wird der Begriff meistens verwandt. Das ist nicht unproblematisch, wie obiges Beispiel zeigt: Kinder gebären ist keine Erwerbsarbeit ebenso wie alle mit der Reproduktion, mit Kindern, dem Haushalt verbundenen Tätigkeiten. Diese gelten nur als Erwerbsarbeit, wenn sie im Auftrag Dritter getan und somit bezahlt werden. So könnte selbst Kinder gebären zur Arbeit werden, als Leihmutterschaft.

In allen drei beschriebenen Tätigkeitsbereichen könnten Menschen tatsächliche Güter des menschlichen Gebrauchs herstellen. Man könnte dies im engen Sinne als produktive Tätigkeiten beschreiben, hat dann aber das Problem, dass Produktivität eigentlich viel umfassender verstanden werden müsste (siehe Exkurs 7: Wissensgesellschaft). Produktive Tätigkeit ist keineswegs immer und überall gleich. Im Kapitalismus allerdings benennt Produktivität eine Gemeinsamkeit, nämlich die, dass die Menschen nicht für sich selbst, sondern für Dritte arbeiten. ArbeitnehmerInnen verkaufen ihre Arbeitskraft und ArbeitgeberInnen bestimmen darüber, was sie genau damit machen. Ihnen gehört auch das, was da in der konkreten Arbeit geschaffen wird.

Das brauchen sie so wenig selbst wie die Beschäftigten es brauchen. Beide sind vielmehr darauf angewiesen, dass das Produkt sich an Dritte verkaufen lässt, die es tatsächlich benötigen. Gelingt das, erhält die Eine ihr eingesetztes Kapital mit einem Gewinn zurück und kann daraus die Andere bezahlen und den nächsten Kreislauf starten. Misslingt es, dann wird es diesen nächsten Zyklus nicht geben, und zwar unabhängig davon, welche Produkte gesellschaftlich sinnvoll wären. So gesehen ist Arbeit also das, was den Kapitalismus am Laufen hält.

Wie wir sehen, überschneiden sich die unterschiedlichen Arbeitsbegriffe. Es gibt Gründe für die Verwendung eines jeden. Aber mit der kapitalistischen Lohnarbeit kommt etwas in den Blick, das wir genauer betrachten wollen. Über sie entsteht im entwickelten Kapitalismus weitgehend überhaupt erst Gesellschaft. Nur wer in sie eingegliedert ist, erhält Einkommen und damit Zugang zum gesellschaftlichen Reichtum. Aus der jeweiligen Art kapitalistischer Lohnarbeit, die verrichtet wird, entstehen gesellschaftliche Stellung und Ansehen. Oft beziehen die Beschäftigten auch genau von hierher ihr Selbstbewusstsein und -verständnis.

Das spielt eine wichtige Rolle bei der Frage, ob die Idee eines Grundeinkommens mehrheitsfähig sein könnte. Kapitalistische Lohnarbeit ist zwar ein Zwangsverhältnis, das die Arbeitenden dem Willen und Kommando der KapitalbesitzerInnen unterwirft. Aber sie ist eben auch zum einen für viele im Kapitalismus die einzige Quelle des Überlebens und sie ist zum anderen in den Augen vieler ihre je eigene Möglichkeit, sinnvoll tätig zu sein. Deshalb hängen sie daran.

Die Arbeitenden sind ausgeliefert ans Kapital und sind gleichzeitig diejenigen, die Wert überhaupt erst schaffen. Dadurch sind sie selbst Teil des Kapitalverhältnisses. Diese Widersprüchlichkeit hat immer zu Kämpfen geführt. Weil sich die Beschäftigten in ihrer Arbeit produktiv mit der Welt um sich herum auseinandersetzen, wollen sie diesen Prozess auch so gestaltet sehen, dass sie sich darin wohlfühlen können. Man könnte dieses Bestreben „Befreiung in der Arbeit nennen", im Sinne: „Ich will eine sinnvolle Tätigkeit haben!"

Unter dem Kommando des Kapitals wird nun aber die Arbeit dem Profit und nicht einer Sinnhaftigkeit gemäß gestaltet. Deshalb wollen die Arbeitenden selbst bestimmen, wie der Arbeitsprozess aussehen soll. Das hieße dann „Befreiung der Arbeit", also „Ich will in meiner Tätigkeit nicht fremdbestimmt werden!"

Der Vorschlag eines bedingungslosen Grundeinkommens eröffnet eine dritte Ebene. Warum überhaupt sollte Gesellschaft erst entstehen, wenn und indem Lohnarbeit stattfindet? Warum kann Gesellschaft nicht aus freier Übereinkunft der Beteiligten hergestellt werden? Diese Übereinkunft müsste dann auch die Frage einschließen, wie zukünftig gemeinsam dafür gesorgt werden kann, dass die notwendigen Tätigkeiten getan, verrichtet werden. Aber Arbeit wäre dann nicht mehr Voraussetzung zur Teilhabe, hier ginge es um eine „Befreiung von der Arbeit", im Sinne: „Ich will in Freiheit tätig sein!"

Mehr Informationen

- http://www.streifzuege.org/

Arbeits- und wertkritische Webseite

Wie funktioniert das?

Die Sozialdividende

Es gibt verschiedene Möglichkeiten, wie die Auszahlung eines bedingungslosen Grundeinkommens geregelt werden kann. Die erste Frage, die sich stellt, ist, ob das Geld zuerst an jede Person gezahlt wird, und dann schaut man, wer denn über so viel eigenes Einkommen verfügt, dass er oder sie selbst zur Finanzierung der staatlichen Zahlung beitragen kann und folglich dementsprechend zur Steuer veranlagt wird.

Dieses Vorgehen nennt man Sozialdividende.

Sozialdividende:
Arbeitseinkommen, Sozialdividende, positive Steuer und verfügbares Einkommen im Falle einer Sozialdividende von Euro 800,- und eines positiven Steuersatzes von 50 %

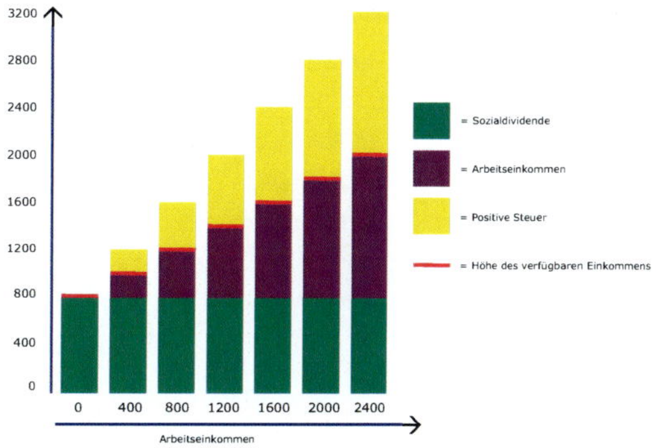

Die Negative Einkommensteuer

Man kann auch andersherum zuerst die Steuererklärungen anschauen und daraus ersehen, wer so viel eigenes Einkommen erzielt, dass sie oder er keiner staatlichen Unterstützung bedarf. Gezahlt wird dann nur an diejenigen Personen, die unter einem bestimmten Satz liegen.

Dieses Vorgehen nennt man negative Einkommensteuer.

Negative Einkommensteuer:
Arbeitseinkommen, negative Steuer, positive Steuer und verfügbares Einkommen im Falle eines Mindesteinkommens von Euro 800,- eines negativen Steuersatzes von 50 % und eines positiven Steuersatzes von 50 %

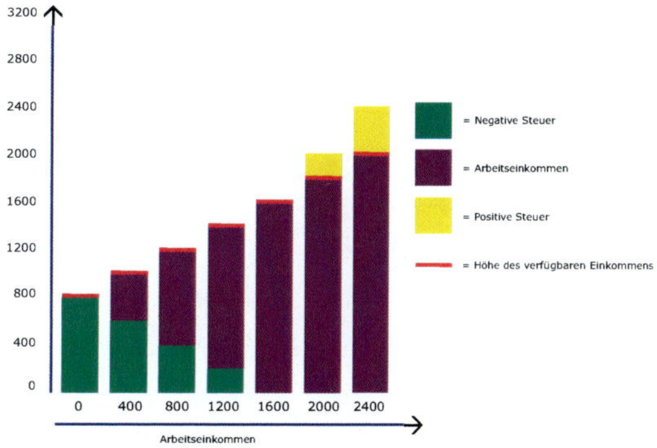

Eine Sozialdividende wird manchmal kritisch gesehen, weil der Umverteilungsbetrag formal sehr hoch ist. Eine negative Einkommensteuer kann leicht dazu führen, die Berechtigung Einzelner entgegen der Idee doch einzuschränken.

Ein möglicher Verteilungsmechanismus:
Aus unterschiedlichen Quellen (Einkommensteuer, Umsatzsteuer, „Maschinensteuer", Devisenumsatzsteuer, etc.) fließt Geld an einen eigenen Rechtsträger. Der könnte ähnlich wie unsere heutigen Sozialversicherungen selbstverwaltet sein, um willkürliche staatliche Eingriffe zu erschweren, und unterhält in jeder Gemeinde Auszahlungsstellen, z.B. in den lokalen Sparkassen. Dort wird für jede Person ein Konto geführt, wo die Berechtigten ihr Geld abholen oder auch bargeldlos verwalten können.

www.grundeinkommen-attac.de

Grundeinkommen neoliberal

Mit dem Grundeinkommen verbinden sich vielerlei Interessen und politische Ziele, darunter auch solche, die vor allem auf eine Entlastung staatlicher Sozialetats zielen. Schon vor fast einem halben Jahrhundert forderte Milton Friedman, einer der Stammväter des Neoliberalismus, Armen bis zu einem Viertel des Existenzminimums auszuzahlen, alle anderen sozialen Hilfen abzuschaffen und sie mit dieser Summe auf dem Markt allein zu lassen. An dieses Programm schließen sich bis heute Vorschläge wie Kritiken an.

Zum Lesen

- *Hartmut Neuendorff, Gerd Peter, Frieder O. Wolf (Hg.): Arbeit und Freiheit im Widerspruch? Bedingungsloses Grundeinkommen – ein Modell im Meinungsstreit.* VSA-Verlag, Hamburg 2009, 224 Seiten, ISBN 978-3-89965-353-3, 17,80 €

Auf einer Tagung des *Forums Neue Politik der Arbeit* wurde im Juni 2009 eine systematische Auseinandersetzung um verschiedene Aspekte eines bedingungslosen Grundeinkommens geführt. In ausgesprochen sachlicher Atmosphäre wurden je Pro- und Contra-Standpunkte diskutiert. Insbesondere ging es auch darum, die Diskussion um ein BGE mit den Gewerkschaften anzustoßen.

- *Dieter Althaus, Hermann Binkert (Hg.): Solidarisches Bürgergeld. Das Konzept einer sozialpolitischen Revolution. ISBN 978-3-84-233197-6, 17,90 €*

Aktuelle Selbstpräsentation des Althaus'schen Konzepts

Im Internet

- http://archiv.insm.de/Soziales/Grundeinkommen.html

Webseite der *Initiative Neues Soziale Marktwirtschaft*, neoliberaler Thinktank mit sehr vielen sehr informativen Texten dieser politischen Richtung

- http://www.pro-buergergeld.de/

Webseite der Initiative um Thomas Straubhaar, Roland Berger u.a.

- http://www.solidarisches-buergergeld.de/

Webseite des von Dieter Althaus geführten Instituts für Neue Soziale Antworten, ein Projekt, in dem sich neoliberale wie sozial engagierte BGE-Positionen nebeneinander finden

http://www.brandeins.de/online-extras/dossiers/dossier/was-ist-eigentlich/artikel/was-ist-eigentlich-negative-einkommensteuer.html

CDU-Kommission träumt vom Bürgergeld für alle

Eine Kommission der CDU unter der Leitung des ehemaligen Thüringer Ministerpräsidenten Dieter Althaus schlägt ein Bürgergeld für jedermann vor. Die Höhe dieses Grundeinkommens: 600 Euro für Erwachsene und genauso viel für Kinder. 200 Euro pro Person müssten allerdings verpflichtend in die gesetzliche Krankenkasse eingezahlt werden.

Mit den verbleibenden 400 Euro läge das Bürgergeld immer noch zehn Prozent über dem heutigen Regelsatz von Hartz IV. Und die Bürger wären nicht mehr Bittsteller wie bisher. Sie müssten nicht länger ihre Bereitschaft zu arbeiten nachweisen, sondern bekämen jeden Monat automatisch vom Finanzamt ihre 600 Euro, egal ob arbeitslos oder erwerbstätig. Damit nicht genug – die Menschen sollen zusätzlich noch einen sogenannten Bürgergeldzuschlag beantragen können, der die Kosten der Unterkunft abdeckt. Im Gegenzug fielen bisherige Sozialtransfers komplett weg, neben dem Arbeitslosengeld II (also Hartz IV) auch die Sozialhilfe, das Kindergeld und das Bafög.

„Die Einführung des Solidarischen Bürgergeldes bietet die Chance zur Revitalisierung der Sozialen Marktwirtschaft", sagt Kommissionschef Dieter Althaus. Er sehe in seinem Konzept eine „Verbindung aus sozialer Sicherheit und wirtschaftlicher Freiheit".

Anlass für die Debatte über das Bürgergeld war die Kritik an der Hartz-Reform. Das Bürgergeld ist ver-

wandt mit der Idee des bedingungslosen Grundeinkommens, das unter anderem Götz Werner propagiert, der Miteigentümer der Drogeriekette dm. Dieser hat am Abschlussbericht der CDU-Kommission mitgearbeitet.
Althaus und sein ehemaliger Staatssekretär Hermann Binkert, die Hauptautoren des CDU-Berichts, schlagen nun vor, das Bürgergeld in Form einer sogenannten negativen Einkommensteuer von den Finanzämtern auszahlen zu lassen. Das bedeutet: Wer keine eigenen Einkünfte hat, soll den Staatstransfer plus Zulagen in voller Höhe erhalten. Bei Bürgern, die dagegen auf ihr Einkommen Steuern zahlen müssen, würden diese mit dem Bürgergeld-Anspruch verrechnet. In Althaus' Modell kommen Arbeitnehmer mit bis zu 18.000 Euro Einkommen in den Genuss einer Bürgergeld-Überweisung. Wer mehr verdient, zahlt unter dem Strich Steuern an den Staat.
Bei einem alleinstehenden Arbeitnehmer mit 1200 Euro Bruttoeinkommen würden nach dem neuen Modell beispielsweise 480 Euro Steuern fällig. Weil er aber umgekehrt 600 Euro Bürgergeld erhielte, würde er unter dem Strich noch 120 Euro zusätzlich zu seinem Einkommen bekommen. Dieser Kombilohn soll die Bürger animieren, trotz niedriger Löhne zu arbeiten.
800 Milliarden Euro würden auf diese Weise am Ende verschoben. Denn Althaus und Binkert wollen sämtliche Sozialbeiträge streichen, die Firmen und Beschäftigte heute in die Arbeitslosen-, Kranken-, Pflege- und Rentenkasse zahlen. Stattdessen schlagen sie vor, das Sozialsystem aus drei Quellen zu finanzieren: einer einstufigen Einkommensteuer von 40 Prozent auf alle Verdienste einschließlich Mieteinkünften und Kapitalerträgen, der Mehrwertsteuer und einer Lohnsummenabgabe in Höhe von 18 Prozent, welche die Unternehmen entrichten. Am Ende falle die Belastung der meisten Bürger durch Steuern und Abgaben insgesamt geringer aus als heute, sagt Althaus. Einige Gruppen wie Kapitalbesitzer müssten wegen der einheitlichen 40-Prozent-Steuer größere Lasten tragen.
Ob das System gerechter wäre als das heutige, müsste man erst noch durchrechnen. Der einstufige 40-Prozent-Steuersatz für niedrige wie hohe Einkommen könnte immerhin dazu führen, dass Wohlhabende und Reiche im Vergleich zu heute Vorteile hätten. Gegenwärtig liegt der Spitzensteuersatz bei 45 Prozent.

(gekürzt aus: Der Spiegel, 28.10.2010)

Tafel
4

Wer ist für ein Grundeinkommen?

BAG-SHI

Die Bundesarbeitsgemeinschaft der Erwerbslosen- und Sozialhilfeinitiativen

legt ihren Schwerpunkt auf Umverteilung des Reichtums von den Wohlhabenden hin zu den Armen.

Der Bund der deutschen katholischen Jugend

betonen, dass vielfältige Tätigkeiten in einer Gesellschaft erwünscht sind und gefördert werden sollen.

attac
AG Genug fuer Alle

Das Globalisierungskritische Netzwerk Attac

besteht darauf, dass die Verteidigung der aktuellen sozialen Errungenschaften und Sozialsysteme mit dem Grundeinkommen verbunden werden muss.

NETZWERK GRUNDEINKOMMEN
www.grundeinkommen.de

Das Netzwerk Grundeinkommen

schließt die verschiedenen Gruppen und Personen zusammen, die für ein Grundeinkommen eintreten.

Anthroposophische Organisationen

verweisen darauf, dass das wirtschaftliche, das politische und das geistig-kulturelle Leben zu ihrem je eigenen Recht kommen müssen.

CDU: Ministerpräsident Dieter Althaus vertritt ein staatliches Sparmodell, das nicht existenzsichernd ist.

FDP: Einzelpersonen treten für ein niedriges Grundeinkommen ein; die Partei will ein „liberales Bürgergeld", das härtere Bedingungen als HartzIV aufweist.

BÜNDNIS 90 DIE GRÜNEN: Eine Minderheit von 40 % hat sich auf dem Parteitag für den sofortigen Beginn mit einem niedrigen Betrag ausgesprochen.

DIE LINKE.: Die BAG Grundeinkommen hat ein eigenes, detailliertes Modell ausgearbeitet

SPD: Der Kreisverband Rhein-Erft hat sich als erster von 350 für ein bedingungsloses Grundeinkommen ausgesprochen...

www.grundeinkommen-attac.de

Grundeinkommen in der Europäischen Union

Der Stand der europäischen Einigung bringt es mit sich, dass ein bedingungsloses Grundeinkommen kaum noch im nationalen Rahmen gedacht werden kann. Bemühungen um seine Einführung müssen von vornherein auf die gesamte Europäische Union zielen. Die Debatten und Überlegungen in den einzelnen Ländern sind diesbezüglich sehr unterschiedlich weit fortgeschritten. Die deutschsprachigen Länder spielen dabei eine besondere Rolle, vor allem in Deutschland hat die Idee eine große Verbreitung erreicht. Deshalb bemühen sich verschiedene Initiativen um eine Ausdehnung auf andere Länder der EU. Eine herausragende Bedeutung könnte dabei der Europäischen Bürgerinitiative zukommen, die bis zum Jahr 2012 vermutlich in nationales Recht umgesetzt und dann EU-weit verfügbar sein könnte.

Zum Lesen

- *Yannick Vanderborght, Philippe Van Parijs: Ein Grundeinkommen für alle? Geschichte und Zukunft eines radikalen Vorschlags.* Campus Verlag, Frankfurt a.M. 2005, 167 Seiten, ISBN 978-3-59337 889-3, 14,90 €
Die Gründer und Koordinatoren des (früher europäischen, jetzt) weltweiten *Netzwerks Grundeinkommen* stellen die Idee vor und diskutieren ihre Realisierungschancen.

- *Netzwerk Grundeinkommen (Hg.): Kleines ABC des bedingungslosen Grundeinkommens.* AG SPAK, Neu-Ulm 2009, 60 Seiten, ISBN 978-3-930 830-55-8, 6,00 €
Ein Überblick über wichtige Begriffe, Fragen und Antworten zum Grundeinkommen, Geschichte der Grundeinkommensidee, ausgewählte Organisationen, Initiativen und Gruppen, Filme, Videos, Ausstellungen, Literatur zum Grundeinkommen

- *Alfred Groff: Bedingungsloses Grundeinkommen in Luxemburg. Bewusstsein, Kommunikation, Wille.* Beck-Verlag, Books on Demand, München 2010, 128 Seiten, ISBN 978-3-8423-0047-7, 10,00 €
Konkrete Vorschläge für die Einführung eines BGE in Luxemburg mit Benennung praktischer Maßnahmen im Rahmen einer demokratietheoretischen Erörterung. Der Autor diskutiert diese Fragen vor dem Hintergrund anthroposophischer Überzeugungen, die er umfassend darlegt.

Im Internet

- http://www.woche-des-grundeinkommens.eu/
Seit 2008 findet jährlich in der 38. Kalenderwoche die Woche des Grundeinkommens statt.

- http://www.basicincomeinitiative.eu/
Die Webseite dient der Koordinierung der Europäischen Bürgerinitiative Grundeinkommen.

- http://www.basicincome.org/bien/
Webseite des weltweiten Grundeinkommennetzwerks mit Links zu den nationalen Organisationen

Europäische Bürgerinitiative nach EU-Vertrag Artikel 11, Abs. 4

Die UnterzeichnerInnen fordern die EU-Kommission auf, die Erarbeitung einer EU-Richtlinie für alle Mitgliedsstaaten zur Einführung des „Bedingungslosen Grundeinkommens" zu veranlassen. Bei der Einführung des BGE verbleibt die Zuständigkeit zur Anpassung des jeweils bestehenden nationalen Sozialsystems bei den Mitgliedsstaaten. Auch alle weiteren begleitenden Maßnahmen (zum Beispiel öffentliche Infrastruktur und Daseinsvorsorge) bleiben in der Zuständigkeit der Mitgliedsstaaten.
Anhang:
Ein emanzipatorisches „Bedingungsloses Grundeinkommen" ist durch die folgenden vier Kriterien beschrieben: allgemein (1), personenbezogen (2), bedingungslos (3), in existenz- und teilhabesichernder Höhe (4).

Das *Bedingungslose Grundeinkommen für alle* schafft Einkommensarmut restlos ab und ermöglicht größere Freiheit des Einzelnen, seine eigenen Lebensumstände zu bestimmen, und stärkt die gesellschaftliche Teilhabe aller. Es vermeidet soziale Spaltung, Neid- und Missbrauchsdebatten und deren Folgen, erübrigt aufwändige, repressive und ausgrenzende Festsetzungs-, Kontroll- und Überprüfungsbürokratien. Das Bedingungslose Grundeinkommen stiftet sozialen Frieden, stärkt die Identifizierung der Bürgerinnen und Bürger mit der Europäischen Union und sichert ihre politischen Teilhaberechte ab.

1. allgemein: Alle Bürgerinnen und Bürger, alle Bewohnerinnen und Bewohner des betreffenden Landes müssen tatsächlich in den Genuss dieser Leistung kommen. Angestrebt wird diese Leistung europa- und grundsätzlich weltweit.
2. personenbezogen: Jede Frau, jeder Mann, jedes Kind hat individuell ein Recht auf Grundeinkommen. Es darf nicht abhängig gemacht werden von der eigenen Einkommens- und Vermögenssituation oder der eines Familienmitgliedes bzw. eineR MitbewohnerIn. Nur so können Kontrollen im persönlichen Bereich vermieden werden und die Freiheit persönlicher Entscheidungen gewahrt bleiben.
3. bedingungslos: Wir sehen das Grundeinkommen als BürgerInnenrecht, das nicht von Bedingungen (z.B. Arbeitszwang, Verpflichtung zu gemeinnütziger Tätigkeit, geschlechterrollenkonformes Verhalten, Einkommens- und Vermögenssituation) abhängig gemacht werden kann.
4. existenz- und teilhabesichernd: Die zur Verfügung gestellte Summe soll ein bescheidenes, aber dem sozialen und kulturellen Standard der Gesellschaft entsprechendes Leben im jeweiligen Land ermöglichen, materielle Armut vermeiden und die gesellschaftliche Teilhabe sichern. Das bedeutet, dass der Betrag mindestens die Armutsrisikogrenze gemäß EU-Standard erreichen müsste (das sind 60 Prozent des sogenannten nationalen mediangemittelten Nettoäquivalenzeinkommens).

Modelle für ein Grundeinkommen

Die Katholische Arbeitnehmer-Bewegung

setzt sich für ein Garantiertes Grundeinkommen für jede Person mit Wohnsitz in Deutschland (Zugezogene nach fünf Jahren) ein. Es ersetzt Arbeitslosengeld II, Sozialgeld, Grundsicherung für nicht Erwerbsfähige, Kindergeld, BAföG, etc. Kranken-, Pflege-, Renten-, Arbeitslosen- und Unfallversicherung bleiben erhalten.
Das Grundeinkommen beträgt für Kinder unter 18 Jahren 400 und für alle anderen 660 Euro. Sozialversicherung und Wohngeldanspruch kommen hinzu und sichern die Armutsvermeidung. Hilfen in besonderen Lebenslagen bleiben bestehen. Die Auszahlung erfolgt über das Finanzamt.

Die Bundesarbeitsgemeinschaft der Erwerbslosen- und Sozialhilfeinitiativen

fordert ein Existenzgeld von 800 Euro monatlich plus gesetzliche Krankenversicherung und die tatsächlichen Wohnkosten sowie Hilfe in besonderen Lebenslagen. Es soll Diskriminierung, Disziplinierung und Spaltung unterer Einkommensschichten aufheben und ist verknüpft mit dem Anspruch auf Erwerbsarbeit und gesetzlich garantierten Mindeststundenlohn. Es ersetzt ALG II, Sozialhilfe, Asylbewerberleistungsgesetz, Kindergeld, Elterngeld und BAföG. Wichtigstes Finanzierungsinstrument ist eine neu einzuführende zweckgebundene Existenzgeldabgabe von 50% („Take-half") auf alle Nettoeinkommen. Die Höhe bestimmt sich aus einem Warenkorb tatsächlichen Verbrauchs.

Götz Werner

bezweifelt, dass es unsere Gesellschaft nötig hat, auch nur einen einzigen Bürger durch das soziale Netz fallen zu lassen. Unsere Produktivität steige ständig, nur nehmen wir das schon nicht mehr wahr. Hohe Steuern und Abgaben machten allerdings Erwerbsarbeit für die Unternehmen zu teuer. Ein bedingungsloses Grundeinkommen, bei dem die heute bestehenden sozialen Transfersysteme zusammengelegt werden, soll das ändern. Es soll die Menschen mit ausreichendem Einkommen versehen und damit ihnen ebenso wie den Unternehmen neue Spielräume verschaffen. Automation wird segensreich, denn durch den Wegfall von Arbeiten, die auch programmierbare Automaten leisten können, entsteht keine neue Arbeitslosigkeit. Gemeinwirtschaftliche und kulturelle Arbeitsaufgaben werden wieder finanzierbar. Viele neue Initiativen werden entstehen. Viele Menschen werden den Sinn in ihrer Arbeit wieder entdecken. Zentral für diese Wirkungen ist eine allmähliche Umstellung des Steuersystems weg von den heutigen direkten (Einkommens- und Gewinn-) Steuern hin zur Umsatzbesteuerung.

Richtungsforderung

Die Grundeinkommensidee sprengt den herkömmlichen Rechts-Links-Rahmen der politischen Verortung. Zwar gibt es selbstverständlich BefürworterInnen wie GegnerInnen, die sich selbst eindeutig in diesen Kategorien verorten – aber schon das ist befremdlich, dass es beide Richtungen bei beiden Gruppen gibt. In allen Parteien gibt es BefürworterInnen und GegnerInnen ebenso wie in allen gesellschaftlichen Großorganisationen wie Kirchen und Gewerkschaften. Die BefürworterInnen eines BGE bei Attac Deutschland haben die Forderung immer als eine verstanden, die grundsätzlich die Richtung angibt, in die Gesellschaft verändert werden müsste. In diese Richtung kann man auch wollen, wenn man die Idee des BGE nicht teilt. Deshalb ist für uns das Kriterium der Zusammenarbeit weniger die grundsätzliche Haltung zum BGE als die Frage, wie die Betreffenden zu den tagtäglichen realen sozialpolitischen Verschlechterungen stehen, mit denen wir seit Jahrzehnten konfrontiert sind. Mit oder ohne BGE: Den Menschen muss es besser gehen, wenn Politik richtig sein soll.

Zum Lesen

- *Bundesarbeitsgemeinschaft der Erwerbslosen- und Sozialhilfe-Initiativen (Hg.): Existenzgeld Reloaded.* AG SPAK, Neu-Ulm 2008, 143 Seiten, ISBN 978-3-930 830-96-1, 16,00 €

Organisierte Erwerbslosengruppen waren die ersten, die das bedingungslose Grundeinkommen in Deutschland (BRD) zu einem politischen Thema machten. Mit der Bezeichnung „Existenzgeld" drückten sie einen klaren Anspruch auf ein anständiges Leben in gesicherten Verhältnissen aus. Sie rechneten schon sehr früh die Finanzierung eines Modells vor, das auf Teilhabe derer von unten und Umverteilung von oben setzte und sich seines Widerspruchs zur bestehenden kapitalistischen Gesellschaft völlig bewusst war. Aktive aus diesem Aufbruch der 80er Jahre haben ihre damaligen Überlegungen aktualisiert, ohne dass sie ihre Argumente hätten ändern müssen. Auch die Berechnung des Existenzgeldes wurde angepasst, ohne das Modell zu verändern: Nach wie vor ist das innovative Instrument der Existenzgeldabgabe in Höhe von 50 Prozent aller Nettoverdienste („take half") das wichtigste Finanzierungsinstrument.

Im Internet

- http://www.unternimm-die-zukunft.de
Webseite des Interfakultativen Instituts für Entrepreneurship an der Universität Karlsruhe, Professor Götz Werner
- http://www.kab.de
Katholische Arbeitnehmerbewegung
- http://www.bag-shi.de/BAGSHI_Archiv/sozialpolitik/arbeitslosengeld2/regelsatz-und-existenzgeld

Das BGE ist heute eine Idee, kein Programm

Neue politische Vorschläge müssen in der gesellschaftlichen Diskussion verschiedene Phasen durchlaufen. Gesellschaften sind von bestimmten Haltungen, Erwartungen, Vorstellbarkeiten ihrer Mitglieder geprägt. Vorhandenes ist mehr oder weniger bekannt, Neues muss erst einmal vorstellbar werden. Deshalb erscheinen Lösungen immer dann besonders populär und glaubwürdig, wenn sie schlicht das Bekannte verlängern. Wer Neues einführen will, muss eine längere Diskussion darüber anzetteln. Dabei ist vieles zu klären. Was sind die Probleme, die es zu lösen gilt? In wessen Interesse sind sie zu lösen? Welchen Vorschlag genau machst du eigentlich? Welche anderen Vorschläge gibt es? Müssen wir das Problem tatsächlich lösen oder können wir es nicht auch aussitzen? Schafft dein Vorschlag vielleicht mehr neue Schwierigkeiten, als er alte löst?

Eine solche Debatte dauert lange, umso länger, je komplexer und vielfältiger das Problem ist und je ungewöhnlicher und vom Bekannten abweichender der neue Vorschlag. In unserem Fall geht beides sehr weit. Das Problem der sozialen Sicherheit für alle ist außerordentlich komplex, es war nie völlig gelöst, es umfasst scharfe politische Interessensunterschiede. Und der Vorschlag eines bedingungslosen Grundeinkommens stellt sehr tief sitzende Annahmen in Frage, die man für unverrückbar zu halten pflegte.

Das ist natürlich kein Argument gegen ein BGE, aber es ist eine Erklärung dafür, dass man nicht sofort mit allgemeiner Zustimmung rechnen kann. Man muss das Denken der Menschen beeinflussen, man muss die Idee verbreiten, man muss Sympathien gewinnen, Fragen in den Köpfen wecken. Das kann nicht mit Modellen oder Gesetzentwürfen geschehen, sondern nur im tagtäglichen Gespräch, in der geduldigen Entwicklung und Konzeptionierung der Idee.

Jedes Modell nimmt immer schon eine ganz bestimmte Situation an, in der es angewandt werden soll oder kann. Wenn zum Beispiel jemand vorschlägt, dass eine Steuer auf die Unternehmensgewinne, etwa in Form einer Wertschöpfungsabgabe, ein wesentliches Element der Finanzierung sein soll, dann hat das zur Folge, dass möglichst viele Unternehmen versuchen werden, sich dem durch Verlagerung zu entziehen. Man müsste eine Antwort darauf geben, wie diese Tendenz aufgehalten werden soll. Wenn jemand eine Finanzierung aus Einkommensteuern vorschlägt, so wird damit das Bestreben verstärkt, Einkommen vor der Steuerbehörde zu verstecken. Das wird in der Regel mit Arbeitseinkommen nur schwer möglich sein, mit Kapital- und Vermögenseinkommen aber viel leichter, so dass die Refinanzierung des BGE stärker auf den Schultern derer liegen könnte, die es bekommen sollen, als in den Modellen angenommen wird. Umgekehrt ist es zwar richtig, dass Umsatzsteuerfinanzierungen es ermöglichen, die Werte dort zu erfassen, wo sie zwangsläufig auftauchen müssen, nämlich in den Verkäufen. Aber da sie die Konkurrenzsituation der Unternehmen im Inland verbessern, würden die auf den Weltmärkten stärker werden und so Arbeitslosigkeit und Einkommenssenkungen exportieren. Zudem enthalten solche Modelle keine Instrumente, wie vorhandene Vermögensunterschiede verringert werden können. Der Ausweg hin zu Umweltsteuern hat das systematische Problem, dass hier Steuerungswirkung und Ertrag in Konkurrenz zueinander stehen.

Ich behaupte keineswegs, dass diese Probleme alle gleich zu gewichten oder allesamt unlösbar wären. Aber bisher kenne ich kaum ein Modell, das die eigenen politischen Vorraussetzungen und Folgen auch offen darlegt und reflektiert. Würde das geschehen, so befänden wir uns genau in dem politischen Diskussionsprozess, den ich oben beschrieben habe: Wie wollen wir leben und arbeiten? Darin aber sind Modelle zu früh. Sie können erst an dessen Ende stehen und sind heute deshalb nur sehr eingeschränkt nützlich.

(gekürzt aus: Werner Rätz: Für ein bedingungsloses Grundeinkommen sind Finanzierungsmodelle unvermeidlich, aber schädlich! Netzwerk Grundeinkommen, Newsletter Nr. 8, Herbst 2006)

Tafel 6

Bedingungsloses Grundeinkommen und soziale Sicherungssysteme

In Deutschland erhielten am Jahresende 2006 8,3 Millionen Menschen Transferleistungen der sozialen Mindestsicherungssysteme. Damit waren 10 % der in Deutschland lebenden Menschen auf existenzsichernde finanzielle Hilfen des Staates angewiesen. Im Jahr 2006 wurden für diese Leistungen 45,6 Milliarden Euro ausgegeben.
Die Transferleistungen der sozialen Mindestsicherungssysteme sind finanzielle Hilfen des Staates, die zur Sicherung des grundlegenden Lebensunterhalts dienen. Dazu zählen folgende Leistungen:

- Arbeitslosengeld II/Sozialgeld nach dem Zweiten Buch Sozialgesetzbuch (SGB II „Grundsicherung für Arbeitsuchende")
- Laufende Hilfe zum Lebensunterhalt außerhalb von Einrichtungen nach dem SGB XII „Sozialhilfe"
- Grundsicherung im Alter und bei Erwerbsminderung nach dem SGB XII „Sozialhilfe"
- Regelleistungen nach dem Asylbewerberleistungsgesetz
- Leistungen der Kriegsopferfürsorge nach dem Bundesversorgungsgesetz

Menschen in den Stadtstaaten und den neuen Bundesländern waren 2006 besonders häufig auf Leistungen der Mindestsicherung angewiesen. 20 % der Berliner BürgerInnen erhielten Leistungen zur Sicherung des grundlegenden Lebensunterhalts. Die niedrigsten Bezugsquoten hatten Bayern (5 %) und Baden-Württemberg (6 %).

Empfänger/-innen von Leistungen der sozialen Mindestsicherung am Jahresende 2006 und Bruttoausgaben im Laufe des Jahres 2006

Leistungsart	Empfänger/-innen	Ausgaben in Milliarden Euro
Ausgaben in Milliarden Euro	7 283 493	40,5 *
davon		
Arbeitslosengeld II	5 310 821	-
Sozialgeld	1 972 672	-
Mindestsicherungsleistungen im Rahmen der Sozialhilfe nach dem SGB XII insgesamt	763 809	3,7
davon		
Laufende Hilfe zum Lebensunterhalt außerhalb von Einrichtungen	81 818	0,5
Grundsicherung im Alter und bei Erwerbsminderung	681 991	3,2
Regelleistungen nach dem Asylbewerberleistungsgesetz	193 562	0,9
Laufende Leistungen der Kriegsopferfürsorge	59 849	0,5**
Insgesamt	8 300 713	45,6

* Ausgaben für Leistungen, die unmittelbar für die Kosten des Lebensunterhalts gezahlt werden (sogenannte „passive Leistungen").
** Gesamtausgaben der Kriegsopferfürsorge; Exakte Untergliederung der Ausgaben nach „laufenden Leistungen" nicht möglich.
- Keine Untergliederung möglich.
Quellen: Statistische Ämter des Bundes und der Länder, Statistik der Bundesagentur für Arbeit, Bundesministerium für Arbeit und Soziales

www.grundeinkommen-attac.de

Verdeckte Armut

Bei der Vergabe von Sozialleistungen können in zweifacher Richtung Fehler passieren. Personen können Leistungen beziehen, die ihnen nach den geltenden Regeln nicht zuständen. Das würde etwa der Fall sein, wenn ein Grundeinkommen gezahlt würde und sich Reiche um ihre Steuerschuld drücken. Das wäre ärgerlich, aber menschenrechtlich kein Problem. Umgekehrt gilt, dass immer da, wo vor Vergabe der Leistung die Berechtigung überprüft wird, Personen die Leistung nicht erhalten werden, denen sie eigentlich zuständе. Man spricht in diesem Fall von verdeckter Armut, die systematisch und immer mit bedarfsgeprüften Leistungen verbunden ist.

Zum Lesen

- *Stephan Selke: Fast ganz unten. Wie man in Deutschland durch die Hilfe von Lebensmitteltafeln satt wird.* Verlag Westfälisches Dampfboot, Münster 2008, 240 Seiten, ISBN 978-3-89691-754-6, 19,90 €

Ein Jahr lang beobachtete Stephan Selke die Arbeit von HelferInnen und das Leben Bedürftiger. Sein Erfahrungsbericht zeigt einen sozialen Ort, der schleichend Teil unserer Gesellschaft wurde, und gibt der Armut viele neue Gesichter. Was im Selbstverständnis der Beteiligten Hilfe und Umverteilung ist, schafft in Wahrheit Ausschlüsse für Betroffene und Gewinnmöglichkeiten für Konzerne.

- *Steffen Stierle: Reichtum & Armut – eine Verteilungsfrage.* Attac-Basistext 34, VSA-Verlag, Hamburg 2010, 96 Seiten, ISBN 978-3-89965-398-4,EUR 6.50

Der Autor, Mitglied im Koordinierungskreis von Attac, der AG Lateinamerika und der AG Solidarische Ökonomie, untersucht Verteilungsgerechtigkeit und die wichtigsten Ursachen der höchst ungerechten Verteilung. Er zeigt kurzfristig umsetzbare Alternativen – national wie global.

Im Internet

- www.boeckler.de/pdf_fof/S-2008-182-4-3.pdf

Die Studie von Irene Becker und Richard Hauser zeigt am Beispiel Kindergrundsicherung, Kindergeld und Kinderzuschlag das Ausmaß verdeckter Armut in Deutschland und benennt Abhilfen.

- http://www.masgff.rlp.de/fileadmin/masgff/soziales/Endbericht_Arbeitsfassung_Druck_22.02.10_NEU1.pdf

Die LIGA der Spitzenverbände der freien Wohlfahrtspflege in Rheinland-Pfalz kommentieren den 4. Armutsbericht der Landesregierung und zeigen detailliert die neuen Gesichter der Armut.

Das Grundrecht auf eine Absicherung des menschenwürdigen Existenzminimums…

… ist ein individuell und sanktionsfrei garantiertes Grundrecht, das die Existenz sichern und soziale, politische und kulturelle Teilhabe ermöglichen soll. Damit hat das Bundesverfassungsgericht drei wichtige Bestimmungsstücke der Grundabsicherung in Richtung Grundeinkommen vorgenommen.

Deutlich wurde auch, dass das Bundesverfassungsgericht nur in geringem Maße tatsächlich Einfluss auf gesetzgeberische Maßnahmen hinsichtlich der Sicherung eines menschenwürdigen Existenzminimums hat. Vieles liegt in der Hand des Souveräns, also des Volkes, der politischen Akteure und der gewählten Abgeordneten im Parlament. Wie das Existenz- und Teilhabeminimum ermittelt wird und mit welchem Transfer- und Infrastruktursystem das Grundrecht am besten gewährleistet wird, ist eine wissenschaftlich und politisch zu beantwortende Frage.

Dass das bedingungslose Grundeinkommen, welches in der Tat eine existenz- und teilhabesichernde Höhe hat, den monetären Aspekt der Grundrechtsrealisierung nun am besten befriedigen kann, ergibt sich unter anderem aus folgenden Überlegungen: Da auf das Grundeinkommen alle gleichermaßen einen Anspruch haben, fallen Stigmatisierungen, Abhängigkeits- und Gnadenverhältnisse zwischen Transferbeziehenden und nicht Transferbeziehenden, die zudem noch von einem quantitativen Unterlegenheitsverhältnis geprägt sind, auf unfruchtbaren Boden.

Grund- und Mindestsicherungen dagegen bilden den Nährboden für Stigmatisierungen mit der Folge verdeckter Armut (Nichtinanspruchnahme zustehender Leistungen) sowie von Neid- und Sozialschmarotzerdebatten – auch mit der Folge öffentlicher Stimmungsmache zwecks allgemeiner Leistungskürzungen und Sozialabbau. Grund- bzw. Mindestsicherungsleistungen sind daher nicht nur grundrechtlich äußerst bedenklich. Sie sind auch strukturelle Grundlage der durch die von den Westerwelles und Kochs geschürten Spaltungen der Gesellschaft.

Wenn verdeckte Armut die Folge von Transfersystemen ist, dann sind diese Transfersysteme nicht geeignet, das Grundrecht auf die Sicherung der Existenz und Teilhabe zu gewährleisten: „Der gesetzliche Leistungsanspruch muss so ausgestaltet sein, dass er stets den gesamten existenznotwendigen Bedarf jedes individuellen Grundrechtsträgers deckt." (Rd.Nr. 137) Im Falle verdeckter Armut wird weder stets noch der gesamte Bedarf des individuellen Grundrechtsträgers gedeckt.

Bedürftigkeitsgeprüfte Transfersysteme, also Grund- und Mindestsicherungen, sind wegen ihres stigmatisierenden und diskriminierenden Charakters Ursachen für verdeckte Arme. Sie sind daher aus grundrechtlichen Erwägungen in Frage zu stellen. So sieht es beispielsweise auch die Diakonie Deutschland: „Ein Grundsicherungssystem kann das Problem verdeckter Armut nicht lösen. Selbst wenn die Sozialleistung durch ein Amtsermittlungsprinzip ergänzt wird, das heißt im Falle des Bekanntwerdens der Hilfebedürftigkeit von sich aus tätig werden müsste, können so nicht immer alle Bedürftigen erreicht werden."

Fakten zur verdeckten Armut: In der jüngsten Studie von Irene Becker und Richard Hauser (zwei renommierte Armuts- und Reichtumsforscher) zum Thema Kindergrundsicherung wird dargelegt, dass weitere ca. 5,9 Millionen Berechtigte Anspruch auf Leistungen nach dem Zweiten und Zwölften Buch Sozialgesetzbuch hätten, diese aber nicht erhalten. Das heißt, auf jeden Anspruchsberechtigten, der die Grundsicherungsleistungen tatsächlich erhält, kommt knapp noch ein Anspruchsberechtigter, der diese Leistung nicht erhält, obwohl sie ihm zusteht.

Ein Grundeinkommen würde mit dieser eklatanten Grundrechtsverletzung endgültig Schluss machen – Grund- und Mindestsicherungen sind dazu nicht in der Lage.

Aus: Ronald Blaschke: Was besagt das Urteil des Bundesverfassungsgerichts (BVerfG) vom 09. Februar 2010 zu den Hartz-IV-Regelleistungen (Zweites Buch Sozialgesetzbuch, SGB II)?

Soziale Sicherungssysteme - Beispiel Namibia

In den arm gemachten Ländern des Südens bestehen in der Regel keine öffentlichen Hilfssysteme für Menschen in materieller Not. Zwar beginnen vor allem in Lateinamerika Regierungen damit, ausgewählten Gruppen geringe Beträge zu zahlen, aber besonders in Afrika hängen die Armen noch sehr weitgehend von der Solidarität ihrer Nachbarn und Verwandten ab. Namibia ist ein typisches Beispiel für eine solche Struktur privater „Sozialhilfe".

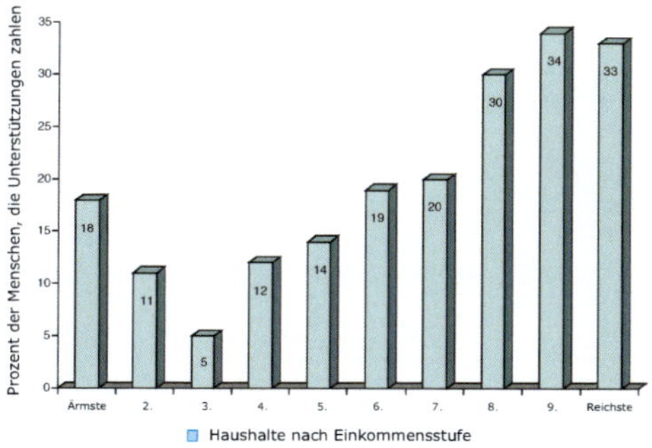

Die Grafiken teilen die namibische Gesamtbevölkerung entsprechend ihres Einkommens in Zehntel, die vom ärmsten Zehntel links beginnen und das reichste Zehntel rechts zeigen. Grafik 1 besagt, ein wie großer Anteil aus der jeweiligen Einkommensgruppe Hilfszahlungen für Nachbarn und Verwandte leistet. In Grafik 2 wird sichtbar, einem wie hohen Anteil ihres jeweiligen Gesamteinkommens das entspricht.

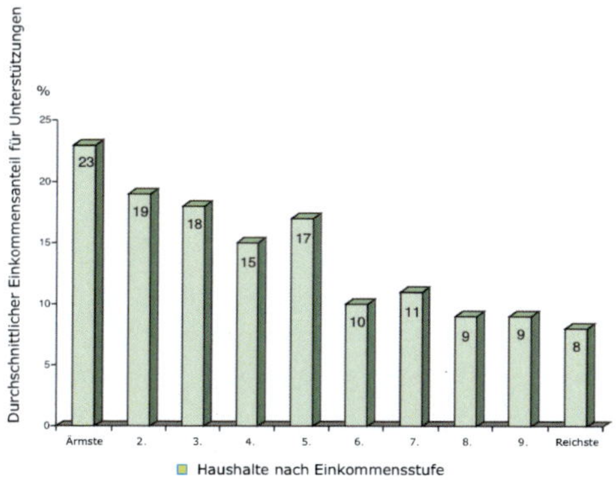

Trotz einer relativ großzügigen Geberstruktur leben über 60 Prozent der NamibierInnen in (oft extremer) Armut. Schon ein sehr geringes Grundeinkommen von 100 namibischen Dollar (knapp 10 €) würde die Armut weitgehend, die extreme Armut völlig beseitigen.

www.grundeinkommen-attac.de

Freihandel

Eine zentrale These der klassischen Nationalökonomie besagt, dass der freie Welthandel mit Waren dazu führt, dass Produkte immer dort hergestellt werden, wo dies mit den geringsten Kosten möglich ist. Selbst wenn dies zutreffen würde – das tut es in der wirklichen Welt deshalb nicht, weil die These real existierende Machtverhältnisse ausblendet –, hätte es für viele Menschen fatale Folgen. Der Mann zum Beispiel, der in Namibia im Dorf Ojivero, wo es ein Grundeinkommen gab, Lehmziegel herstellt und sie bis in die Hauptstadt verkauft, würde sich rasch chinesischer oder vietnamesischer Billigkonkurrenz ausgesetzt sehen und sein Geschäft nicht weiter betreiben können.

Zum Lesen

- *Annette Groth, Theo Kneifel: Europa plündert Afrika. Der EU-Freihandel und die EPAs.* VSA-Verlag Hamburg 2007, 96 Seiten, ISBN 978-3-89965-228-4, 6,50 €
Die Europäische Union unterhält seit ihren Anfängen besondere Beziehungen zu den Ländern, die ehemals Kolonialgebiete ihrer Mitgliedsstaaten waren. Was zu Beginn noch Vorteile für die Ex-Kolonien bedeutete, hat sich mittlerweile in einen massiven Druck zur Marktöffnung und freien Konkurrenz gewandelt. Am Beispiel der wirtschaftlichen Partnerschaftsabkommen mit den afrikanischen Länden wird dies besonders deutlich.

- *Mathias Binswanger: Globalisierung und Landwirtschaft. Mehr Wohlstand durch weniger Freihandel.* Picus Verlag, Wien 2009, 64 Seiten, ISBN 978-3-85452-583-7, 9,80 €
Vor allem KleinbäuerInnen sind VerliererInnen des Freihandels im Agrarsektor. Zölle und Handelsbeschränkungen zum Schutz der Landwirtschaft sind notwendig.

Im Internet

- www.stop-assoziierung.de
Webseite der Kampagne gegen die Freihandelsabkommen der EU mit Zentralamerika

- http://www.epo.de/index.php?option=com_taxonomy&tag=Freihandel
Entwicklungspolitik online mit vielen Infos zu konkreten Freihandelsmaßnahmen

- http://ullaebner.wordpress.com/2011/01/26/die-jagd-nach-rohstoffen/
Radiosendung zur akuellen EU-Freihandelspolitik

Namibia nach dem Kolonialismus

Entwicklung bezieht sich nicht nur auf die Wirtschaft, sondern muss auch Menschenrechte, gemeinschaftliche Rechte und das Recht auf nationale und regionale Selbstbestimmung miteinbeziehen. Sie befasst sich auch mit Themen wie Gleichheit und Fairness bei der Verteilung der Ressourcen auf lokaler, nationaler, regionaler und globaler Ebene. Die Förderung sozialer Dienstleistungen wie Wasser, Energie, Gesundheit und Erziehung kann nicht für alle garantiert werden, solange diese den Kräften des Marktes überlassen werden. Soziale Leistungen sind keine geeigneten Materien für Privatisierung, da sie Teil der grundlegenden Menschenrechte sind und Staaten die Verantwortung haben, sie für das ganze Volk sicherzustellen.

Nach zwanzig Jahren Unabhängigkeit weist die namibische Wirtschaft noch immer alle Kennzeichen einer klassischen neokolonialen Ökonomie auf. Ihr Export besteht hauptsächlich aus unverarbeiteten (oder halbverarbeiteten) Mineralien, Diamanten und aus Fisch, während die meisten Konsumgüter weiterhin importiert werden. Die vorgeschlagenen *Economic Partnership Agreements* der Europäischen Union (EPAs) werden von der namibischen Regierung weiterhin abgelehnt, weil sie Namibia noch stärker für Produkte und Dienstleistungen europäischer Konzerne öffnen und eine mehr inlandszentrierte Entwicklung fast unmöglich machen würden.

Namibias wirtschaftliche Schlüsselressourcen wie Land, Mineralien und Fisch stehen immer noch zu einem großen Teil unter der Kontrolle ausländischer Konzerne und Personen, weshalb die Unabhängigkeit Namibias nur als eine teilweise bezeichnet werden kann. Ökonomische Unabhängigkeit ist zweifellos noch ein weit entfernter Traum, solange Namibia nicht entschiedene Schritte unternimmt, um lokale Kontrolle über die wirtschaftlichen Ressourcen des Landes zu ermutigen und zu fördern mit dem Ziel, ihre Erträge der Bevölkerungsmehrheit und nicht nur ausgewählten Wenigen zugänglich zu machen.

Ausgangspunkt für eine regionale Strategie zur Schaffung mehrwerterzeugender Produktionsketten wird eine vorrangige Nutzung von lokalen Rohstoffen ebenso wie die Förderung lokaler Anbieter sein müssen, um Konsumentenbedürfnisse an Nahrungsmitteln, Kleidung, Möbeln und anderen grundlegenden Gütern zu befriedigen. Maßnahmen wie die Verpflichtung von Großhändlern, einen zunehmenden Anteil ihrer Güter und Dienstleistungen lokal zu beziehen, sind Schritte in die richtige Richtung und Namibia hat begonnen, solche Schritte zu setzen.

Ein anderer Schlüsselaspekt ist es, die Abhängigkeit von ausländischem Kapital zu reduzieren und im Umgang mit ausländischen Investoren sehr selektiv vorzugehen. Einige südostasiatische Länder haben in dieser Hinsicht gute Beispiele gegeben und dadurch gezeigt, dass eine kohärente Industrialisierungsstrategie zum Transfer von Qualifikation und Technologie bei gleichzeitiger Herausbildung lokaler Kapazitäten führen kann.

Ideen wie diese, verbunden mit Maßnahmen einer Umverteilung zur Verringerung der Lohnunterschiede und mit der Einführung eines Grundeinkommens (Basic Income Grant/BIG) stehen zweifellos gegen die neoliberale Ideologie der Globalisierung. Namibia und seine afrikanischen Nachbarn werden daher strategisch überlegen müssen, wie afrikanische Zusammenarbeit am besten sinnvoll verstärkt werden und wie man sich gleichzeitig selektiv von jenen Aspekten der Globalisierung entkoppeln kann, die eine inlandszentrierte Entwicklung und die Transformation von Afrikas neokolonialer Entwicklung verhindern.

Die Machtposition derjenigen, welche den derzeitigen Globalisierungsprozess vorantreiben – wie der transnationalen Konzerne und ihrer Verbündeten auf Regierungsebene (G8) oder der Weltbank und der WTO – wird in Frage gestellt werden müssen, um globale Bedingungen herstellen zu können, die für das Erreichen sozialer Gerechtigkeit und für die Überwindung von Armut und Massenarbeitslosigkeit besser geeignet sind.

Gekürzt aus: Herbert Jauch, Zwanzig Jahre Namibia. Was heißt „postkoloniale Entwicklung"? In: Indaba, SADOCC-Magazin für das Südliche Afrika, 2/2010

Netzwerke für ein Grundeinkommen - überall auf der Welt!

Das **Weltgrundeinkommensnetzwerk** wurde als europäisches Netzwerk schon 1986 gegründet und vereinte damals ganz überwiegend wissenschaftlich am Thema Interessierte und weniger politische AktivistInnen. Heute gibt es knapp 200 Mitglieder und Förderer aus allen Erdteilen. Bei den alle zwei Jahre stattfindenden Kongressen werden mit dem Grundeinkommen verbundene Themen intensiv behandelt, die Referate sind im Internet zugänglich:

BIEN Basic Income Earth Network

www.basicincome.org/bien/index.html

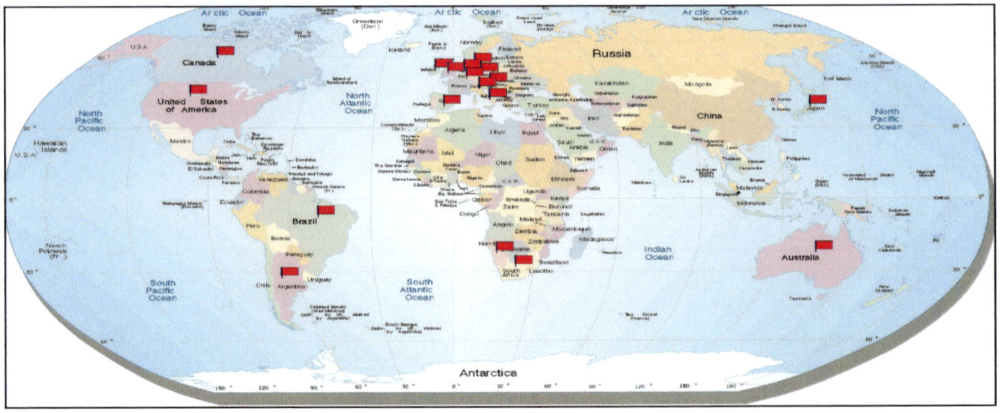

BIEN Canada

Belgien: Vivant

B.I.E.N. Dänemark

Provisional Basic Income Japanese Network (BIJN)

Spanien: Red Renta Basica

USA: U.S. Basic Income Guarantee Network (USBIG)

B·I·E·N - C H
Basic Income Earth Network - Switzerland

Basic Income Guarantee Australia (BIGA)

Rede Brasileira de Renda Basica de Ciudadania

Großbritannien: Citizen's Income Trust

BIEN Ireland

Namibia:
Basic Income Grant Coalition

Niederlande - Vereniging Basisinkomen

red argentina de ingreso ciudadano

B.I.E.N. Austria

Italien:
Bin Italia

Südafrika:
Basic Income Grant Coalition

www.grundeinkommen-attac.de

Sozialgeldtransfer

Seit geraumer Zeit gelten Programme zur Ausstattung der Ärmsten mit geringen Geldbeträgen als wichtiges Mittel der internationalen Entwicklungszusammenarbeit. Dabei gibt es eine Debatte darüber, ob Zahlungen – die deutlich niedriger sind als unsere Sozialhilfe – mit Bedingungen versehen sein sollen oder nicht. Die Weltbank fördert solche Ansätze massiv, wenn sie zum Beispiel den Schulbesuch der Kinder oder die Teilnahme an bestimmten Gesundheitsprogrammen verlangen. Erfahrungen zeigen allerdings, dass die Ergebnisse der Programme mit Bedingungen nicht besser ausfallen als dort, wo den Armen die Entscheidung über ihr Verhalten selbst überlassen wird.

Zum Lesen

- *Michael Bergstreser, Franz-Josef Möllenberg, Gerd Pohl (Hg.): Globale Hungerkrise. Der Kampf um das Menschenrecht auf Nahrung.* VSA-Verlag, Hamburg 2009, 192 Seiten, ISBN 978-3-89965-383-0, 12,80 €
Dass eine Milliarde Menschen hungern, während für alle genügend Nahrungsmittel vorhanden sind, ist vielleicht der größte Skandal in einer an Obszönitäten reichen Welt.

- *Lutz Leisering, Petra Buhr, Ute Traiser-Diop: Soziale Grundsicherung in der Weltgesellschaft. Monetäre Mindestsicherungssysteme in den Ländern des Südens und des Nordens. Weltweiter Survey und theoretische Verortung.* transcript Verlag, Bielefeld 2006, 342 Seiten, ISBN 978-3-89942-460-7, 29,80 €
Leider nicht mehr ganz aktuell, aber der einzige Überblick in Buchform, der vorliegt.

Im Internet

- http://www.eed.de//fix/files/doc/EED_BfdW_sozialgeldtransfers_08_deu.pdf
Umfassende Studie von Rolf Künnemann und Ralf Leonhard über Programme in Brasilien, Sambia und Malawi

- http://www.grundeinkommen.de/content/uploads/2010/02/grundeinkommen-brasilien.pdf
Das größte Sozialgeldprogramm weltweit, *bolsa familia*, erreicht mehr als ein Viertel der brasilianischen Bevölkerung. Es ist mit Bedingungen versehen, schließt die Allerärmsten aus und ist trotzdem sehr erfolgreich.

- http://www.brot-fuer-die-welt.de/downloads/fachinformationen/analyse01_grundsicherung.pdf
Eine Studie über Positionen verschiedener Akteure der Entwicklungszusammenarbeit zum Thema soziale Sicherungssysteme

- http://www.welthungerhilfe.de/fileadmin/media/pdf/Wirklichkeit_Entwicklungshilfe/WdEH_18_2010_internet.pdf
Welthungerhilfe und *terre des hommes* analysieren entwicklungspolitische Defizite von Private-Public-Partnership-Programmen.

Förderung von sozialen Sicherungssystemen in Entwicklungsländern

„13. Wie beurteilt die Bundesregierung die Rolle von *Social Cash Transfers* zur Armutsreduktion in Entwicklungsländern?

Social Cash Transfers spielen neben anderen Instrumenten der sozialen Sicherung eine wichtige Rolle bei der Armutsreduzierung in Entwicklungsländern. Sie können dazu beitragen, in besonders armen und verwundbaren Haushalten sowohl die Ernährungssituation zu verbessern als auch den Zugang zu Gesundheit und Bildung zu ermöglichen bzw. zu verbessern. Darüber hinaus ermöglichen *Social Cash Transfers* kleinere Investitionen und tragen somit zur Stärkung des Selbsthilfepotenzials bei.

b) Hält die Bundesregierung nur umfassende Programme (wie z.B. *bolsa familia* in Brasilien) für aussagekräftig oder auch Einzelprojekte (wie z.B. das in Kalomo, Sambia, von 2005 bis 2007 von der GTZ durchgeführte)?

Programme wie *Bolsa Família* sind aufgrund ihrer Breitenwirksamkeit von hoher Bedeutung. Einzelprojekte, wie das in Kalomo (Sambia), können als Pilotvorhaben wertvolle Erkenntnisse über Wirkungszusammenhänge, Umsetzungsmodalitäten, Bedarfe etc. liefern.

d) Hat es bezüglich des Projekts in Kalomo Evaluationen seitens der deutschen EZ gegeben, sind diese öffentlich zugänglich und wie beurteilt die Bundesregierung sie?

Es gibt verschiedene Evaluierungen, u.a. des *Ministry of Community Development and Social Services* (MCDSS) und der GTZ, die auch öffentlich zugänglich sind. Die Evaluierung zeigt, dass mit dem Projekt in Kalomo wesentlich zur Armutsreduktion in den Empfängerhaushalten beigetragen werden konnte: Es verbesserte sich die Ernährungssituation und der Zugang zu Gesundheits- und Bildungseinrichtungen. Das Projekt hat zudem die Selbsthilfekräfte der Empfängerhaushalte aktiviert und lokale Wirtschaftskreisläufe gestärkt.

f) Hat sich nach Meinung der Bundesregierung insbesondere das Auswahlkriterium der Berechtigten im Kalomo-Projekt (Familien ohne arbeitsfähige(n) erwachsene(n) Ernährerin/Ernährer) bewährt?

Die erwähnte Zielgruppe besteht aus den ärmsten Haushalten in den ausgewählten Distrikten. Bereits geringe Transfers können hier signifikante Wirkungen in Bezug auf Armutsbekämpfung entfalten, zum Beispiel gehen Kinder wieder zur Schule und integrieren sich besser, die Gesundheits- und Ernährungssituation verbessert sich, Transportkosten zur nächsten Krankenstation können bezahlt werden etc.

Grundsätzlich unterstützt die deutsche Entwicklungszusammenarbeit die Partnerländer bei der bestmöglichen Identifizierung der Zielgruppen.

g) Gibt es nach Meinung der Bundesregierung relevante verallgemeinerbare Unterschiede in der Wirkung von „unconditional" oder „conditional SCT"?

Die Frage, ob *Social Cash Transfers* konditioniert oder unkonditioniert vergeben werden sollten, liegt im Ermessen des Partnerlandes. Die bisherigen Erfahrungen mit *Social Cash Transfers* zeigen keine verallgemeinerbaren Unterschiede in den Wirkungen von konditionierten und nichtkonditionierten Programmen.

14. Ist der Bundesregierung das *Basic Income Grant* (BIG)-Projekt in Otjivero/Omitara (Namibia) bekannt, das von zivilgesellschaftlichen Organisationen auf Spendenbasis durchgeführt wird, und wie beurteilt die Bundesregierung die Ergebnisse?

Das *Basic-Income-Grant*-(BIG)-Projekt in Otjivero/Omitara (Namibia) ist der Bundesregierung bekannt. Für eine Beurteilung der Ergebnisse durch die Bundesregierung muss vom Projektträger noch die Schlussevaluierung vorgelegt werden. Ein Angebot der Bundesregierung über eine Unterstützung des Monitorings und einer Evaluierung wurde von den Projektträgern nicht angenommen.

Aus der Antwort der Bundesregierung auf die Kleine Anfrage der Grünen vom 20.4.2010

Wie kann ein bedingungsloses Grundeinkommen Wirklichkeit werden?

So unterschiedlich die Vorschläge für ein BGE sind, so unterschiedlich kann seine Einführung gedacht werden. Dennoch überwiegt bei BefürworterInnen wie bei KritikerInnen eine Vorstellung, die ganz und gar undenkbar erscheint. Demnach würde ein Modell eines bedingungslosen Grundeinkommens ausgearbeitet, im Gesetzgebungsverfahren beschlossen und eingeführt. Die bestehende Gesellschaft bliebe wie sie ist, sie bekäme sozusagen ein bedingungsloses Grundeinkommen einfach übergestülpt und dann ist alles, wie es war, nur bekommt halt jede auch noch Geld geschenkt. So wird es nicht kommen.

Wege zum Grundeinkommen können nicht willkürlich gewählt werden, sie müssen vielmehr an Bestehendes anknüpfen. Das ist nicht nur politisch-praktisch erforderlich, weil bestehende Pfade sozialer Sicherung nicht ohne Weiteres verlassen werden können, ohne großes Chaos anzurichten. Wenn wir einen Weg wollen, auf dem die Menschen mehr und nicht weniger soziale Sicherheit gewinnen, dann darf Altes immer erst dann aufgegeben werden, wenn ein besseres Neues schon erreicht ist. Solange müssen vorhandene Sicherungen festgehalten und verteidigt werden. Dazu bedarf es gesellschaftlicher Kämpfe und die lassen sich nicht vorhersagen. Sie können hin zu einem BGE auch schon einmal Umwege darstellen. An drei Beispielen wollen wir einige Denkmöglichkeiten aufgezeigen.

Hartz IV versteht sich als Teil eines Grundsicherungssystems, das erstmals für alle Bedürftigen einen Rechtsanspruch auf Hilfe in Notlagen festschreibt. Tatsächlich ist es ein Verarmungssystem, das obendrein so gehandhabt wird, dass die Berechtigten möglichst abgeschreckt werden sollen, ihr Recht in Anspruch zu nehmen. Dennoch könnte eine Grundsicherung prinzipiell hin zu einem BGE entwickelt werden. Das Urteil des Bundesverfassungsgerichts zu den Regelsätzen (siehe Tafel 6) hat die Richtung gewiesen. In einem ersten Schritt müssten die Zumutbarkeitskriterien für Arbeitsaufnahme gestrichen werden, im zweiten wären die Sätze auf angemessene Höhe anzuheben. Das wäre dann noch lange kein bedingungsloses Grundeinkommen, aber eine deutliche Verbesserung für die Betroffenen. Mit den Montagsdemonstrationen gab es kurzzeitig gesellschaftliche Auseinandersetzungen um Hartz IV, die sich dahin hätten entwickeln können. Sollten sie erneut entstehen, müsste man sie in diese Richtung vorantreiben. Schritt für Schritt wären weitere Gruppen oder Ansprüche in das System einzubeziehen, bis es schließlich alle und bedingungslos umfasst.

Ein anderer Anknüpfungspunkt, um den es immer wieder politische Kämpfe gibt, wären Fragen der sozialen Infrastruktur (siehe auch Tafel 14). Alles, was erforderlich ist, damit die gesellschaftlich notwendigen Dinge getan werden können, könnte und sollte für die BenutzerInnen kostenlos zur Verfügung gestellt werden. Es ginge konkret nicht nur um öffentlichen Verkehr, um Kinderbetreuung oder Bildung, die traditionell als öffentliche Infrastrukturaufgaben gesehen werden. Auch die Mobilität als Ganzes, Energieversorgung, Kommunikation, Wohnen oder Ähnliches könnten Gegenstand von Auseinandersetzungen um öffentliche und kostenlose Verfügbarkeit sein.

Hier gäbe es heute sehr konkrete Zusammenarbeitsmöglichkeiten auch über die Kontroverse um das Grundeinkommen hinweg. Ein solcher Weg hätte aus Sicht von Attac zusätzlich den Charme, dass man damit die Dekommodifizierung, die Herausnahme einiger Abläufe aus den Geld- und Warenmärkten, vorantreiben könnte. Außerdem wäre das ein Beitrag dazu, dass auch Menschen ohne gültige Aufenthaltspapiere in den Genuss der Leistungen kommen würden.

In Deutschland sind die großen Sozialversicherungssysteme ein, wenn nicht der zentrale Bestandteil der sozialen Sicherung. Als Antwort auf ihre zunehmende Zerstörung und Privatisierung und speziell als Konsequenz aus den Debatten um Alters- und Kinderarmut ist eine breite Bewegung denkbar, die eine wirtschaftliche Absicherung von Kindern und Alten auf armutsfestem Niveau und ohne Bedingungen anstrebt (mehr dazu siehe Tafel 11). Dabei könnten die Sozialversicherungen durchaus das Modell auch für ein Grundeinkommen abgeben. Auch ein bedingungsloses Grundeinkommen könnte aus einer Bürgerversicherung bezahlt und als solche organisatorisch von den Versicherten selbst verwaltet werden.

Tatsächlich orientieren sich gegenwärtig viele AnhängerInnen eines BGE in diese Richtung und zwar unabhängig von ihrem jeweiligen politischen Standpunkt. In Kämpfen um Erhalt und Ausbau der Sozialversicherungen gibt es viele tagespolitische Gemeinsamkeiten auch mit KritikerInnen eines Grundeinkommens. Trotz Fortbestehens mancher grundsätzlicher Differenzen könnten hier gemeinsame praktische Initiativen möglich werden, was insgesamt für die soziale Bewegung von Vorteil wäre.

Die realpolitisch nächstliegende Möglichkeit führt allerdings zu einem völlig anderen Szenario. Die FDP schlägt vor (und Thomas Straubhaar oder Dieter Althaus befinden sich da sehr nahe dran), einfach eine Reihe von sozialen Transfersystemen wie ALGII, Restsozialhilfe u.a. zu streichen, den Betrag zu pauschalieren und an alle zu verteilen – wobei das bei den Liberalen mit Bedarfsprüfung geschehen soll, bei anderen ohne. Aus Sicht der Grundeinkommensbewegung steht zu befürchten, dass zunächst einmal gar nicht die Verwirklichung eigener Modelle ansteht, sondern dass es gilt, Initiativen abzuwehren, die eine deutliche soziale Verschlechterung brächten.

Es kann also realistischerweise kaum darum gehen, so schnell wie möglich ein Grundeinkommen umfassend einzuführen. Vielmehr erscheint es uns zentral, Kämpfe zu entwickeln oder aufzugreifen, die tagespolitische Forderungen stellen und eine Perspektive aufweisen, wie die Maßnahmen zu einem Grundeinkommen ausgebaut werden können. Dafür gibt es zwar viel Zustimmung in der Bewegung, aber noch keinen Konsens, viel weniger sind die konkreten Ansatzpunkte einer solchen Strategie gemeinsam benannt. Tatsächlich finden die meisten Auseinandersetzungen um ein Grundeinkommen heute noch auf der ideologischen Ebene als Kampf um die Hegemonie im Verständnis des Sozialen statt.

Erste Schritte? - Alaska, Namibia u.a.

Es gibt nirgendwo auf der Welt ein bedingungsloses Grundeinkommen im Sinne aller in Tafel 1 genannter Kriterien. Aber es gibt zahlreiche Projekte, die einige davon erfüllen.

Der Alaska Permanent Fund zahlt seit 1982 allen, die seit mindestens zwei Jahren im Staat leben, jährlich eine Summe aus einem bestimmten Teil der Öleinnahmen. Sie schwankte zwischen 331,29 US$ (1984) und 2069,00 US$ (2008) jährlich.

Im Ort Otjivero, Gemeine Omitara, 100 km westlich der Hauptstadt Windhoek, zahlt das Namibische Grundeinkommensbündnis seit Anfang 2008 100 Namibische Dollar an jedeN BewohnerIn. Das Projekt wird aus Spenden finanziert und ist auf zwei Jahre und diejenigen Menschen begrenzt, die schon vor seinem Beginn dort wohnten.

In mehreren Ländern Afrikas führt die deutsche Entwicklungshilfeorganisation GTZ Modellprojekte zum Bargeldtransfer an besonders Arme durch. An die Berechtigten werden keine weiteren Bedingungen gestellt. In Sambia zeigte sich, dass die Gesundheitssituation sich verbesserte und der Schulbesuch der Kinder zunahm, dass es keinen Geldmissbrauch gab und die lokale Wirtschaft profitierte. Dennoch wurde das Projekt eingestellt.

Wer 40 Jahre in Schweden gewohnt hat und keine anderen Einkünfte hat, erhält eine Garantierente, die das Lebensminimum sichert. Sie ist mit der Preisentwicklung verbunden und verringert sich anteilig bei kürzerer Wohnzeit im Land.

www.grundeinkommen-attac.de

Globale Soziale Rechte

Wir haben mehrfach betont, dass es sehr verschiedene Ansätze geben kann, um mit der Einführung eines bedingungslosen Grundeinkommens zu beginnen. Für welchen sich Bewegungen vor Ort jeweils entscheiden, hängt vom tatsächlichen Gang der gesellschaftlichen Entwicklung ab. Aber hinter dieser Vielfalt an Ausgangspunkten kann und muss ein gemeinsames Ziel sichtbar werden: Das Grundeinkommen soll ein Mittel sein, um zu einer Gesellschaft zu gelangen, in der Menschen nicht aus materiellen Gründen Zumutungen über sich ergehen lassen müssen, denen sie sich gar nicht aussetzen wollen. Das würde heißen, dass sie Rechte nicht nur haben, sondern sie auch durchsetzen können. In der politischen Diskussion der letzten Jahre hat sich für diese Vision der Begriff der *Globalen Sozialen Rechte* eingebürgert.

Zum Lesen

- *Roland Klautke, Brigitte Oehrlein (Hg.): Globale Soziale Rechte. Zur emanzipatorischen Aneignung universaler Menschenrechte.* Beiträge des »Kritischen Bewegungsdiskurses«, VSA-Verlag, Hamburg 2007, 218 Seiten, ISBN 978-3-89965-286-4, 12,80 €

In einer Vortragsreihe in Berlin sind die Autorinnen und Autoren der Frage nachgegangen, wie man Rechte nicht nur haben, sondern auch kriegen kann. Dabei wurde offensichtlich, dass die Beantwortung eine universelle Aufgabe ist, an der auch tatsächlich global gearbeitet wird. Globale Soziale Rechte könnten somit einen gemeinsamen Rahmen für eine Bewegung bilden, die bei aller Unterschiedlichkeit im konkreten Kleinen ihrer Tageskämpfe doch im weitesten Sinne eine emanzipatorische Gesellschaft anstrebt. Sie haben das Potenzial, verlorengegangene Begriffe wie Sozialismus oder Kommunismus als Klammer eines solchen Suchens zu ersetzen.

Im Internet

- http://www.pfd.state.ak.us/
Offizielle Webseite Alaska Permanent Fund Dividend Division

- http://www.bignam.org/
Webseite des namibischen Grundeinkommensbündnisses

- http://de.wikipedia.org/wiki/Weltb%C3%BCrgerschaft_%28Soziale_Bewegung%29
Stichwort Weltbürgerschaft

- http://www.bewegungsdiskurs.de/
Webseite der Berliner Initiative

- http://www.zak-tuebingen.org/
Tübinger Kampagne TüBus umsonst (siehe Text)

Teilhabe auf dem Markt?

Eine Gesellschaft, welche die menschenrechtlich gebotene Teilhabe über hohe Einkommen auf dem Markt sicherstellen wollte, würde die Individuen dazu führen, dass jedes immer von allem soviel haben wollte, dass es selbst auf keinen Fall zu kurz kommt. Märkte sind niemals neutrale Orte, wo alles möglich ist, sondern sie folgen einer inneren Ordnung. Im Kapitalismus ist dies die Ordnung der Kapitalvermehrung. Es wird auf kapitalistischen Märkten dauerhaft nur das geben, was auch verkauft werden kann, denn schließlich investiert niemand in die Produktion von irgendetwas, weil er die konkreten Dinge – Häuser oder Panzer oder Lebensmittel – so toll findet und riesige Mengen davon haben will, sondern um die Dinge zu verkaufen und das eingesetzte Kapital mit einem Zuschuss wieder herauszubekommen. Die Logik des kapitalistischen Marktes führt dazu, dass es dort nur das zu kaufen gibt, was zahlungskräftig nachgefragt wird, und nicht etwa das, was die Leute dringend benötigen, die über kein Geld verfügen. Diese bleiben ausgeschlossen. Gleichzeitig führt sie dazu, dass all das im Überfluss und jenseits aller Notwendigkeit des Gebrauchs produziert wird, was irgendwer bezahlen könnte. Ein bedingungsloses Grundeinkommen ändert an dieser Logik gar nichts. Wer eine Gesellschaft will, die menschenrechtliche

Teilhabe und ökologische Verträglichkeit verbindet, muss anderen Strukturen folgen als der Marktlogik.

Wie könnten selbstbestimmte und selbstgestaltete Formen der Reproduktion und Produktion aussehen, die sich auf der Höhe des technischen Fortschritts und eines umfassenden Versorgungsniveaus bewegen würden? Die Debatte um Allgemeingüter bietet eine Vielzahl interessanter Anknüpfungspunkte. Sie hat den unschätzbaren Vorteil konkreter Projekte, an denen konkrete Gemeinschaften hier und jetzt anfangen können zu bauen.

Dieser Bezug auf Gemeinschaften ist gleichzeitig ihr Nachteil. Gemeinschaften sind per definitionem Teilmengen der Gesellschaft. Was sie besitzen und benutzen, steht nicht allen und jedem zur Verfügung. Den Blick auf das Ganze von Gesellschaft eröffnet die soziale Infrastruktur. Sie steht tatsächlich jedem zur Verfügung oder kann dies grundsätzlich zumindest, wenn sie barrierefrei organisiert wird. Grundsätzlich ist eine Gesellschaft vorstellbar, in der all das an Voraussetzungen öffentlich bereitgestellt wird, was erforderlich ist, damit das Notwendige und Sinnvolle getan werden kann. Das wäre sozusagen ein nichtmonetäres Grundeinkommen. Ein solches Konzept würde große Teile des gesellschaftlichen Reichtums in eine bedarfsorientierte Ökonomie lenken und den Kapitalkreisläufen zumindest teilweise entziehen.

Aber so wie die Schwäche des Allgemeingüterdiskurses die Stärke des Infrastrukturkonzeptes ist, so ist umgekehrt dessen Stärke seine Schwäche: Gesellschaftliche Infrastruktur kann man nicht einfach anfangen zu machen. Gesellschaftlichkeit muss immer allumfassend sein und kann damit nur erkämpft werden. In einem Verständnis Globaler Sozialer Rechte gewinnen alle drei Elemente einen gemeinsamen Horizont.

Menschenrechte gelten global und für alle. Da kann niemand außen vor gedacht werden kann, ohne die ganze Idee zu zerstören. Aber TrägerInnen der Menschenrechte sind die Individuen, ihre globale Dimension besteht in der Addition jedes Einzelnen. In diesem Sinne ist es wichtig, dass genau die Individuen, in welcher Zusammensetzung auch immer, damit anfangen können, ihre Bedürfnisse zu verwirklichen, indem sie beispielsweise Allgemeingüter schaffen. Aber eine Addition Einzelner setzt neben allen Einschlüssen immer auch Ausschlüsse.

Dagegen adressiert „Sozial"Gesellschaftlichkeit schlechthin. Es geht nicht um bloße Interessen einer armen und unterprivilegierten Klientel, sondern darum, was das denn wäre, das gute Leben aller. Was wären denn die dafür not-wendigen Güter und Dienstleistungen, die also die Not wenden? Und wie sollen sie produziert werden? Damit sind die Macht- und die Eigentumsfrage gestellt. Und schließlich geht es um Rechte, womit die Frage der Kämpfe aufgerufen ist, ohne die Rechte zwar nicht bedeutungslos, aber letztlich immer unsicher sind.

Gekürzt aus: Werner Rätz, Was hat der kostenlose öffentliche Nahverkehr mit dem bedingungslosen Grundeinkommen zu tun? (TüBus umsonst, siehe Internetlinks)

Auf dem Weg? - Großbritannien, USA

Großbritannien 1942 – 1953

1942 stellte Juliet Rhys-Williams einen Vorschlag vor, nach dem alle britischen Bürger wöchentlich einen Geldbetrag ausgezahlt bekommen sollten, sofern ihr Einkommen unterhalb einer bestimmten Höhe lag. Alle mit höheren Einkünften sollten zur Finanzierung mit einem einheitlichen Steuersatz herangezogen werden. Sie begründete das zum einen mit der Kompliziertheit des Steuersystems, aber auch mit einem sehr grundsätzlichen Argument: Es gilt „das demokratische Prinzip, dass der Staat jedem seiner Bürger genau die gleichen Vorteile schuldet. Auf dieser Basis muss allen Bürgern Hilfe gegeben werden, wenn der Staat einigen Bürgern Hilfe gibt, und da Unterhaltszahlungen für Kranke und Arbeitslose erforderlich sind, müssen sie auch den Beschäftigten und Gesunden gewährt werden."
Die Liberale Partei nahm den Gedanken auf, Lady Rhys-Williams entschärfte als Reaktion auf politische Kritik 1953 ihr Konzept nochmals. Dennoch beschloss das britische Parlament ein Sozialversicherungssystem, das Lord Beveridge ebenfalls 1942 vorgeschlagen und für das sich die Labourparty entschieden hatte.

USA 1962 – 1972

In den 1960er Jahren diskutierten Wissenschaftler in den USA intensiv über höchst gegensätzliche Konzepte eines Grundeinkommens und auch dort wurden sie von der aktuellen Politik aufgegriffen. 1962 schlug Milton Friedman vor, sämtliche staatlichen Sozialleistungen durch eine negative Einkommensteuer zu ersetzen, die ein Viertel des steuerfrei gestellten Existenzminimums von damals 5000 US$ jährlich betragen sollte. Dieses Verelendungskonzept einer Galionsfigur des Neoliberalismus dient Grundeinkommensgegnern noch heute als Argument. Dabei entwickelte gleichzeitig ein anderer Nobelpreisträger für Wirtschaft, James Tobin, einen Vorschlag, wie bestehende Sozialleistungen nicht abgebaut, sondern ergänzt werden könnten. Ziel war eine Verbesserung der Situation benachteiligter Bevölkerungsgruppen, ausdrücklich sollten die Lebensverhältnisse der armen und schwarzen Bevölkerungsteile verbessert werden. Das Einkommen sollte als *demogrant* an alle BürgerInnen ausgezahlt werden. Der demokratische Präsidentschaftskandidat George McGovern übernahm es 1972 in sein Wahlprogramm. Ein auf der Negativsteuer basierendes Gesetz des republikanischen Präsidenten Richard Nixon wurde bereits 1970 vom Repräsentantenhaus angenommen, 1972 aber vom Senat mit knapper Mehrheit abgelehnt. McGovern verlor die Wahl und Nixon zwei Jahre später sein Amt durch Absetzung.

www.grundeinkommen-attac.de

BürgerInnenrecht

Besonders in Deutschland ist die Diskussion um Grundsicherung und Hartz IV sehr stark von Elementen sozialer Distanzierung geprägt. Klischees von faulen Arbeitslosen, SozialschmarotzerInnen, biertrinkenden Asozialen sind allgegenwärtig. Denen soll die Gemeinschaft auf Kosten der LeistungsträgerInnen ein Grundeinkommen gewähren? Niemals! Und es gibt auch den umgekehrten Reflex: Frau Merkel und Herr Ackermann sind schon wohlhabend und mächtig genug, die brauchen nicht noch ein Grundeinkommen auf Kosten der ehrlich arbeitenden Bevölkerung! Demgegenüber klingt der Grundsatz der liberalen Lady Rhys-Williams wie aus einer anderen Welt: Was der Staat einem Bürger an Hilfe gewährt, schuldet er allen.

Zum Lesen

- *Wolfgang Engler: Bürger, ohne Arbeit. Für eine radikale Neugestaltung der Gesellschaft.* Aufbau-Verlag, Berlin 2005, 416 Seiten, ISBN 978-3-351-02590-8, 19,90 €

So wie einst das politische BürgerInnenrecht an Bedingungen, vor allem die des (Grund-)Eigentums gebunden war und dies nach und nach als ungerecht und nicht demokratisch erkannt wurde, so versteht Wolfgang Engler auch die Teilhabe am gesellschaftlich erarbeiteten Reichtum als wirtschaftliches BürgerInnenrecht, von dem es keinen Ausschluss geben kann. Teilhabe ist in diesem Verständnis kein Privileg, das gewährt wird oder verweigert oder das bei Fehlverhalten verloren gehen könnte, sondern Konsequenz der Tatsache, dass jemand in einer Gesellschaft lebt.

- *Eric Patry: Das bedingungslose Grundeinkommen in der Schweiz. Eine republikanische Perspektive.* St. Gallener Beiträge zur Wirtschaftsethik, Bd. 45, Haupt-Verlag, Bern 2010, 336 Seiten, ISBN 978-3-258-07575-4, 38,50 €

Das Buch hat auch für LeserInnen außerhalb der Schweiz eine zweifache Bedeutung. Zum einen wird am Beispiel dieses Landes umfassend vorgestellt, wo in seiner politischen Tradition und Wirklichkeit Anknüpfungspunkt für ein bedingungsloses Grundeinkommen vorhanden sind. Es wird sehr plastisch vorstellbar, wie zum Beispiel aus der Alters- und Hinterbliebenenversicherung AHV ein BGE entwickelt werden könnte. Gleichzeitig geht der Autor aber auch sehr grundsätzlichen Überlegungen nach und stellt eindringlich vor Augen, wie liberale und republikanische Ideen geradezu notwendig auf die Spur des Grundeinkommens führen.

Im Internet

- http://sites.google.com/site/einkommenisteinbuergerrecht/Home

Eine der vielen Initiativen individueller BGE-BefürworterInnen

- http://sozialkompendium.org/xpage/Fokus/Fokus_K4-3_AlgBesGueter_GE.html

Die Katholische Sozialakademie Österreich unterstützt die Forderung nach einem BGE seit Jahrzehnten.

- http://www.erich-fromm.de/

Webseite der Erich-Fromm-Gesellschaft

Psychologische Aspekte zur Frage eines garantierten Einkommens für alle

Für ein garantiertes Einkommen für alle spricht in erster Linie, daß die Freiheit des einzelnen auf diese Weise entschieden erweitert werden könnte. Bisher war der Mensch während seiner gesamten Geschichte durch zwei Faktoren in seiner Handlungsfreiheit eingeschränkt: durch die Anwendung von Gewalt von seiten der Herrschenden und dadurch, daß alle vom Hungertod bedroht waren, die nicht bereit waren, die ihnen auferlegten Bedingungen in bezug auf ihre Arbeit und ihre soziale Existenz zu akzeptieren.

Daß die Geschichte auf dem Prinzip der Angst beruht, verhungern zu müssen, hat seine Ursache letzten Endes darin, daß der Mensch auf einem wirtschaftlich wie psychologisch niedrigen Existenzniveau lebte. Es waren niemals ausreichend materielle Güter vorhanden, mit denen man die Bedürfnisse aller hätte befriedigen können. Gewöhnlich war es so, daß eine kleine Führungsschicht alles an sich nahm, was ihr Herz begehrte, und daß man den vielen, die sich nicht an einen gedeckten Tisch setzen konnten, sagte, es sei Gottes Wille oder das Gesetz der Natur.

Ein garantiertes Einkommen, das im Zeitalter des wirtschaftlichen Überflusses möglich wird, könnte zum erstenmal den Menschen von der Drohung des Hungertods befreien und ihn auf diese Weise von wirtschaftlicher Bedrohung wahrhaft frei und unabhängig machen. Niemand müßte sich mehr nur deshalb auf bestimmte Arbeitsbedingungen einlassen, weil er sonst befürchten müßte, er würde verhungern. Begabte oder ehrgeizige Männer und Frauen könnten die Ausbildung wechseln, um sich damit auf einen anderen Beruf vorzubereiten; eine Frau könnte ihren Ehemann, ein Jugendlicher seine Familie verlassen. Die Menschen hätten keine Angst mehr, wenn sie den Hunger nicht mehr zu befürchten brauchten.

Das garantierte Einkommen würde nicht nur aus dem Schlagwort „Freiheit" eine Realität machen, es würde auch ein tief in der religiösen und humanistischen Tradition des Westens verwurzeltes Prinzip bestätigen, daß der Mensch unter allen Umständen das Recht hat zu leben. Dieses Recht auf Leben, Nahrung und Unterkunft, auf medizinische Versorgung, Bildung usw. ist ein dem Menschen angeborenes Recht, das unter keinen Umständen eingeschränkt werden darf, nicht einmal im Hinblick darauf, ob der Betreffende für die Gesellschaft „von Nutzen ist".

Der Übergang von einer Psychologie des Mangels zu einer des Überflusses bedeutet einen der wichtigsten Schritte in der menschlichen Entwicklung. Eine Psychologie des Mangels erzeugt Angst, Neid und Egoismus. Eine Psychologie des Überflusses erzeugt Initiative, Glauben an das Leben und Solidarität. Tatsache ist jedoch, daß die meisten Menschen psychologisch immer noch in den ökonomischen Bedingungen des Mangels befangen sind, während die industrialisierte Welt im Begriff ist, in ein neues Zeitalter des ökonomischen Überflusses einzutreten.

Eine weitere Auswirkung des garantierten Einkommens in Verbindung mit einer wesentlich verkürzten Arbeitszeit für alle wäre sicher, daß die geistigen und religiösen Probleme des menschlichen Daseins real und bestimmend würden. Bisher war der Mensch mit seiner Arbeit zu sehr beschäftigt, um sich ernsthaft mit den Problemen abzugeben: „Was ist der Sinn des Lebens?", „Woran glaube ich?", „Welche Werte vertrete ich?", „Wer bin ich?" usw. Wenn er nicht mehr ausschließlich von seiner Arbeit in Anspruch genommen ist, wird es ihm entweder freistehen, sich ernsthaft mit diesen Problemen auseinanderzusetzen, oder er wird aus unmittelbarer oder kompensierter Langeweile halb verrückt werden. Prinzipiell kann der wirtschaftliche Überfluß die Befreiung von der Angst vor dem Hungertod, den Übergang von einer vormenschlichen zu einer wahrhaft menschlichen Gesellschaft kennzeichnen.

(1966), aus: Erich Fromm Gesamtausgabe in zwölf Bänden, München (Deutsche Verlags-Anstalt und Deutscher Taschenbuch Verlag) 1999, Band V, Seite 309-316

Welche Schritte führen zu einem Grundeinkommen?

Es wird kaum irgendwo auf der Welt eine Regierung sich ein Modell eines bedingungslosen Grundeinkommens ausdenken und es auf einen Schlag einführen. Vielmehr wird man an Elemente anknüpfen, die im Sozialsystem schon da sind und die zu einem bedingungslosen System sozialer Sicherung ausgebaut werden können. Man spricht deshalb von Pfadabhängigkeit.

Schweiz

JedeR WohnbürgerIn hat gegenüber der Altersversicherung unabhängig von gezahlten Beiträgen Anspruch auf eine Mindestrente. Mit 1400 Schweizer Franken liegt sie unter dem Sozialhilfeniveau. Recht einfach zu bekommen ist eine Aufstockungsleistung. Man müsste diese Leistung bedingungslos stellen und hätte ein Grundeinkommen für Alte. Eine schrittweise Senkung des Eintrittsalters würde die Leistung verallgemeinern.

Dänemark

Bereits in den 90er Jahren konnten Beschäftigte in Dänemark ohne Begründung bis zu einem Jahr aus dem Erwerbsleben ausscheiden (Sabbatjahr). Sie erhielten in dieser Zeit 80 Prozent des Arbeitslosengeldes, das dort bei ebenfalls 80 Prozent des Lohns liegt, wenn in ihrem Betrieb einE LangzeitarbeitsloseR eingestellt wurde. Es nahmen so viele an dem Programm teil, dass es der Regierung zu teuer wurde und sie es einstellte. Man könnte den umgekehrten Weg gehen und die Zeiten langsam ausdehnen und mit der Möglichkeit zur Weiterarbeit verbinden.

Deutschland

Wichtige soziale Leistungen wie Gesundheit, Rente und Pflege werden bei uns über Sozialversicherungen garantiert. Ihre Beiträge sind zweckgebunden und unterliegen nicht dem staatlichen Zugriff. Man könnte diese Versicherungen zusammenfassen und ihren Zuständigkeitsbereich ausdehnen, so dass sie nicht nur die Lebensrisiken, sondern die materielle Absicherung des Lebens der BürgerInnen insgesamt abdecken. Eine Ausdehnung der Beitragspflicht auf alle Einkommen (Bürgerversicherung) und eine echte Selbstverwaltung würden das System vervollständigen.

Großbritannien

Für jedes Kind, das nach dem 1. September 2002 geboren wurde, wird eine Summe von 250,- £ auf ein Konto eingezahlt. Kinder aus dem ärmsten Drittel der Bevölkerung erhalten die doppelte Summe. Zum siebten Geburtstag soll eine weitere Zahlung erfolgen, bei der die Höhe aber noch nicht festgelegt wurde. Das Ziel ist, für jedes Kind einen Kapitalstock (baby-bond) aufzubauen, der mit dem 18. Lebensjahr verfügbar wird. Auch wenn die Methode des Sparens am Kapitalmarkt zweifelhaft ist, kann der Gedanke, dass jedem Menschen mit der Geburt ein Anteil am Reichtum der Gesellschaft zusteht, verallgemeinert werden.

www.grundeinkommen-attac.de

Kinderarmut

In kaum einem Industrieland leben derart viele Kinder in Armut wie in Deutschland. Dabei hatte schon die Kommission, die Anfang der 50er Jahre im Auftrag der Bundesregierung die Vorlage für das bundesdeutsche Rentensystem entwickelt hatte, neben der Alters- auch eine Kinderrente vorgesehen. So wäre die materielle Sorge für die Kinder wie die für die Alten zur gesellschaftlichen Aufgabe geworden. Bundeskanzler Adenauer hatte das damals mit dem Hinweis abgelehnt, dass „die Leute immer Kinder kriegen" würden. Mit dem Kindergeld gibt es im deutschen Sozialrecht die Institution einer bedingungslosen Zahlung, auch wenn sie in der Höhe die Kriterien eines Grundeinkommens nicht erreicht. Das könnte man ändern.

Zum Lesen

- *World Vision: Kinder in Deutschland.* Fischer Taschenbuchverlag, Frankfurt 2010, 416 Seiten, ISBN 978-3-596-18640-2, 15,95 €
Die aktuelle Kinderstudie von World Vision bietet mit einer repräsentativ zusammengesetzten Stichprobe von 2529 Kindern im Alter von 6 bis 11 Jahren aus den alten und neuen Bundesländern umfangreiches Datenmaterial, auch wenn sie Mainstreamwerte und -orientierungen nicht in Frage stellt.
- *Huberta von Voss: Arme Kinder, reiches Land. Ein Bericht aus Deutschland.* Rowohlt Digitalbuch, Berlin 2010, 223 Seiten, ISBN 978-3-644-00191-6, 12,99 €
Reportagenhafte Studie mit Einzelbeispielen

Im Internet

- http://www.attac-netzwerk.de/karlsruhe/ag-kinderarmut/
Attac Karlsruhe hat sich in mehreren Kongressen mit Kinderarmut beschäftigt.
- http://www.kinderarmut-hat-folgen.de
Webseite des Bündnisses Kindergrundsicherung. Das Bündnis benutzt bewusst das Wort Grundsicherung für einen Vorschlag, der eine Art bedingungsloses Kindergrundeinkommen bedeuten würde, weil die Nähe zur Grundeinkommensidee in seinen Reihen umstritten ist.
- www.worldvision-institut.de/_downloads/allgemein/Kinderstudie2010_Zusammenfassung.pdf
Zusammenfassung der Kinderstudie 2010

Kinder brauchen mehr!

Aktuell werden Kinder je nach Erwerbssituation ihrer Eltern höchst ungleich finanziell gefördert. Die Kinder von Gut- und SpitzenverdienerInnen profitieren mit steigendem Einkommen von den steuerlichen Kinderfreibeträgen. Diese wirken sich aufgrund des progressiven Steuersystems bei den höchsten Einkommen am stärksten aus. Wir halten diese Ungleichbehandlung von Kindern für höchst ungerecht.

Gemessen an verschiedenen Entscheidungen des Bundesverfassungsgerichts hat das kindliche Existenzminimum eine hohe Bedeutung, die über seine steuerliche Freistellung hinausgeht. Aktuell liegt dieses Existenzminimum bzw. der entsprechende Freistellungsbetrag bei rund 500 Euro monatlich. Er setzt sich aus dem Freibetrag für das sächliche Existenzminimum (322 Euro) und dem Freibetrag für die Betreuung und Erziehung bzw. Ausbildung (180 Euro) zusammen. Es kann aber nicht sein, dass dieses Existenzminimum faktisch nur für diejenigen Kinder Bedeutung hat, deren Eltern Steuern zahlen können.

Unser Vorschlag lautet, künftig alle Kinder mit einer Kindergrundsicherung in Höhe von 500 Euro monatlich abzusichern. Die Kindergrundsicherung soll an alle Eltern bzw. Kinder ausgezahlt werden, unabhängig von ihrem Einkommen. Sie wird allerdings je nach Höhe ihres Einkommens der Besteuerung unterworfen. Damit wird sichergestellt, dass Eltern im SGB-II-Bezug und Eltern mit einem niedrigen Erwerbseinkommen die Leistung in vollem Umfang erhalten. BezieherInnen von Spitzeneinkommen werden hingegen maximal in Höhe der Wirkung der bisherigen Freibeträge (d.h. aktuell maximal um 240 Euro monatlich) entlastet. Die Gegenfinanzierung wird neben der Einbeziehung der heutigen familienspezifischen Leistungen unter anderem durch Rückflüsse durch die Besteuerung gewährleistet.

Nach unserer Vorstellung soll die Leistung bis zum 27. Lebensjahr gewährt werden, um den Abschluss einer (höheren) Ausbildung zu gewährleisten. Für Schülerinnen und Schüler, Studierende und Auszubildende bedeutet dies, dass die Kindergrundsicherung in die Ausbildungsförderung bzw. in die Erwachsenenbildungsförderung integriert und damit direkt an diese elternunabhängig ausgezahlt werden soll.

Die Kindergrundsicherung soll zudem vorrangig vor anderen Sozialleistungen sein. Damit werden Kinder aus dem stigmatisierenden Bezug insbesondere von Hartz-IV-Leistungen und der verdeckten Armut herausgeholt.

Angesichts der Dimensionen des Problems der Kinderarmut reicht es nicht mehr aus, an einzelnen Schräubchen im bisherigen System zu drehen. Das Problem der Kinderarmut lässt sich weder über eine geringfügige Anhebung des Kindergeldes noch über die Ausweitung des Kinderzuschlags noch über die Erhöhung der Regelsätze in der Grundsicherung rasch, zielgerichtet und befriedigend lösen. Wir fordern demgegenüber den politischen Mut für eine problemadäquate Gesamtlösung ein.

Unser Modell der Kindergrundsicherung in Höhe von 500 Euro kostet brutto zunächst gut das Dreifache der heutigen Kindergeldzahlungen, also gut 100 Milliarden Euro.

Die realen Zusatzkosten werden durch den Systemwechsel auf etwa 10 Milliarden Euro begrenzt. Durch das Aufgehen der bisherigen Leistungen (Kindergeld, Kinderzuschlag, Sozialgeld, Unterhaltsvorschuss etc.) in der Kindergrundsicherung werden 44,5 Milliarden Euro erreicht. Der Rückfluss durch die Besteuerung der Leistung beträgt rund 30 Milliarden Euro. 18 Milliarden Euro Mehreinnahmen erhält der Staat durch das im neuen System wegfallende Ehegattensplitting, das in der Vergangenheit keine Kinder, sondern Ehen gefördert hat.

Zur Schließung der verbleibenden Finanzierungslücke von etwa 10 Milliarden Euro verbleiben genügend Möglichkeiten, die der politischen Gestaltbarkeit unterliegen.

Gekürzt aus: Bündnis Kindergrundsicherung, Unser Vorschlag für eine Kindergrundsicherung

Wo beginnen?

So unrealistisch das klingt, man kann ein bedingungsloses Grundeinkommen nicht als rein nationales Projekt denken. Das Elendsgefälle auf der Welt und die Tatsache, dass Menschen sich durch Migration bessere Lebensbedingungen zu schaffen versuchen, sind die Gründe dafür, dass ein Grundeinkommen global sein muss. Es kann natürlich überall auf der Welt mit seiner Einführung begonnen werden, aber es gibt ein paar vielversprechende Vorschläge, wie das vom armen Süden her geschehen könnte.

südliches Afrika In vielen Ländern der Region gibt es eine breite gesellschaftliche Diskussion um Mindestsicherungsprogramme für alle, die die extreme Armut beseitigen würden.

basic food income Die internationale Menschenrechtsorganisation FIAN schlägt die Erweiterung solcher Überlegungen auf die ganze Welt vor: Überall erhalten Menschen so viel Geld ausgezahlt, dass sie nicht mehr hungern müssen. Wenn jedes Land 1 Prozent seines Sozialprodukts dafür aufwenden würde, dann müssten die reichen Länder nochmals etwa 0,25 Prozent ihres Sozialprodukts dazutun.

internationale Steuern Diese Mittel könnten zumindest teilweise durch internationale Steuern aufgebracht werden, etwa durch eine Abgabe auf Devisengeschäfte oder auf Flugbewegungen, wie sie der ehemalige französische Staatspräsident Chirac als Hilfe für die Tsunamiopfer bereits im Dezember 2004 vorschlug.

www.grundeinkommen-attac.de

Ernährungssouveränität

Nach menschenrechtlichen Standards dürfte und nach dem Stand der tatsächlichen Nahrungsmittelproduktion müsste es keinen Hunger auf der Welt mehr geben. Dass er dennoch das Schicksal von über einer Milliarde Menschen ist, liegt daran, dass sie nur dann Zugang zu Nahrung finden, wenn sie Geld haben, um diese auf den Märkten kaufen zu können. Das aber fehlt ihnen. Selbst ein sehr niedriges bedingungsloses Grundeinkommen (wie in Tafel 8 dargestellt) würde diese Situation beenden und ihnen Nahrungsmittelsicherheit gewährleisten. Bewegungen von Landlosen und KleinbäuerInnen weltweit haben darüber hinaus das Konzept der Ernährungssouveränität entwickelt. Es meint, dass die Betroffenen über die Möglichkeit verfügen, ihre Ernährung selbst aus eigener Kraft sicherzustellen. „Ernährungssouveränität" bedeutet also weniger Zugang zu Nahrung(smittelhilfe), sondern vor allem zu Land und anderen Produktionsmitteln.

Zum Lesen

- *Stephan Albrecht, Albert Engel (Hg.): International Assessment of Agricultural Knowledge, Science and Technology for Development (IAASTD), Weltagrarbericht.* Synthesebericht, University Press, Hamburg 2009, 286 Seiten, ISBN 978-3-937816-68-5, 29,80 €

Über 500 WissenschaftlerInnen aus vielen Ländern haben im Auftrag der Weltbank (!) nachgewiesen, dass Hunger nicht sein müsste. Im Gegenteil werden umfassend produktive Ressourcen verschwendet, weil die Landwirtschaft der industrialisierten und zunehmend auch der Dritten Welt einem Produktionsmodell der Monokultur und der hohen Sortenerträge folgt. In ökologischer und nachhaltiger Bewirtschaftung ließen sich die Flächenerträge bei deutlich niedrigerem externem Input erheblich steigern. Ohne oder mit stark reduziertem Welthandel von Nahrungsmitteln und ohne hochtechnologisierte Landwirtschaft könnten die Menschen auf der Welt sich leicht selbst ernähren.

Im Internet

- http://www.weltagrarbericht.de

Webseite eines Bündnisses verschiedener Nichtregierungsorganisationen zum Weltagrarbericht. Sehr informativ und umfassend, mit vielen weiterführenden Links und den Volltextdownloads aller Einzelberichte.

- http://viacampesina.org/en/

Die (englische) Webseite des internationalen KleinbäuerInnennetzwerkes Via Campesina

- http://www.viacampesina.at

Via Campesina Österreich

- http://www.abl-ev.de

Arbeitsgemeinschaft Bäuerliche Landwirtschaft, deutsches Mitglied von Via Campesina

- http://www.ernaehrungssouveraenitaet.de

Webseite eines Bündnisses vor allem von Landjugendorganisationen

- http://www.welt-ernaehrung.de

Blog zur globalen Ernährungskrise mit vielen Links

- http://www.fian.de/online/

Deutscher Zweig der weltweiten NRO gegen den Hunger

„Ernährungssouveränität bedeutet...

...das Recht von Individuen, Gemeinschaften, Völkern und Staaten, ihre eigene Landwirtschafts-, Arbeits-, Fischerei-, Ernährungs- und Bodenpolitik zu bestimmen, unter Berücksichtigung ihrer jeweils spezifischen ökologischen, sozialen, wirtschaftlichen und kulturellen Bedingungen. Das Konzept beinhaltet sowohl das Recht auf Nahrung als auch das Recht, Nahrungsmittel zu produzieren. Das Recht auf Nahrung garantiert allen Menschen den Zugang zu sicheren, nahrhaften und kulturell angepassten Lebensmitteln sowie den Zugang zu den notwendigen Ressourcen, um Nahrungsmittel produzieren und sich und ihre Gesellschaften erhalten zu können." (International Planning Committee on Food Sovereignty 2004).

Das Konzept der Ernährungssouveränität definiert keine einheitliche politische Strategie. Es gibt jedoch zentrale Prinzipien und Kriterien sowie einzelne strategische Bereiche vor, die es einzelnen Ländern ermöglichen sollen, ihren demokratisch legitimierten Weg zur Umsetzung des Rechts auf Nahrung zu bestimmen. Es geht dabei um die grundsätzlichen Fragen: Wer hat Zugang zu Nahrungsmitteln? Wer kontrolliert die Nahrungsmittelproduktion, den Handel mit Agrarprodukten und ihre Vermarktung – und wer erhält schließlich die Gewinne daraus?

Konkret lassen sich die Prinzipien und Kriterien in vier Arbeitsbereiche bündeln:

- Fokus auf lokale Märkte und gerechte Handelsbeziehungen; dazu gehören existenzsichernde Einkommen für alle ProduzentInnen und ArbeiterInnen entlang der Produktionskette
- gesicherter Zugang zu den natürlichen und genetischen Ressourcen (fruchtbares Agrarland, Weideflächen, Fischereigründe, Wald, Wasser, Saatgut etc.) sowie zu Krediten und Bildung für alle LebensmittelproduzentInnen.
- Umstellung auf eine ökologische, vielfältige, bäuerliche Produktion; das muss sich auch in der Agrarforschung niederschlagen
- die Umsetzung des Menschenrechts auf Nahrung hat Priorität vor anderen bi- oder multilateralen Abkommen

Ernährungssouveränität fordert das Recht der Staaten, Völker oder Gemeinschaften zu bestimmen, welchen Grad an Selbstversorgung für sie nötig und möglich ist. Sie zielt jedoch darauf ab, eine vielfältige, ökologische, bäuerliche Produktion für lokale Märkte zu stärken. Das Konzept hebt dabei vor allem auf Selbstbestimmung ab, nicht auf Selbstversorgung. Einer Gruppe oder einem Land muss dabei die Option offengelassen werden, sich auch für einen hohen Grad an Selbstversorgung zu entscheiden.

Ernährungssouveränität ist kein Patentrezept; es liefert weder einen fertigen Politik-Mix noch ein Technologiepaket.

Ernährungssouveränität ist ein globales Konzept. Es fokussiert zwar auf lokale und regionale Märkte, es basiert aber auf einer internationalen Solidarität unter BäuerInnen sowie auf einem grundlegenden Verständnis der internationalen politischen und wirtschaftlichen Rahmenbedingungen. Lokale Beziehungen, insbesondere diejenigen zwischen Produzierenden und Konsumierenden, sollen gestärkt werden, damit sie in der Lage sind, den globalen Herausforderungen entgegentreten zu können.

Ernährungssouveränität zielt nicht darauf ab, Märkte oder Gesellschaften abzuschotten. Regierungen müssen ihre eigene Landwirtschafts- und Ernährungspolitik auf demokratischem Weg unter Einbezug der ProduzentInnen und KonsumentInnen definieren. Dafür brauchen sie auch politische Instrumente, um sich vor Billigimporten sowie vor Öko- und Sozialdumping zu schützen.

Ernährungssouveränität fokussiert primär auf lokale und regionale Märkte, wobei es je nach geographischen und politischen Gegebenheit zu definieren ist, wie weit „lokal" und „regional" zu fassen sind.

Gekürzt aus: Swissaid: Ernährungssouveränität – Wege zu einer gesicherten Ernährung für alle

Was und wer spricht gegen ein bedingungsloses Grundeinkommen?

Was Menschen als gerecht empfinden, steht nicht für alle Zeiten fest und ist nicht an allen Orten gleich. Es hängt immer von mehreren Faktoren ab. Selbstverständlich spielen dabei die eigenen Bedürfnisse immer eine Rolle. Wer sich in den persönlichen Belangen verletzt sieht, wird das kaum als gerecht bezeichnen. Aber der Begriff der Gerechtigkeit enthält in der Regel auch den Aspekt, über eine reine Interessensposition hinauszugehen und zu fragen, was denn auch allgemein gelten könnte. Dabei ist dann die Prägung durch die Wertvorstellungen der Gesellschaft, in der man lebt, von Bedeutung, aber auch die Gewöhnung an bestimmte Wertvorstellungen, ihre Unhinterfragtheit.

Eine dieser gewöhnlich unhinterfragten Orientierungen in unserer Gesellschaft heißt: „Wer arbeitet, muss mehr (Geld) haben, als derjenige, der nicht arbeitet!" Die erste Auffälligkeit bei dieser Aussage ist, dass sie nur für vermögenslose Menschen gilt. Wer Einkommen aus Besitz bezieht und dafür nicht erwerbsarbeiten muss, ist nicht von ihr betroffen. Es gilt nicht als ungerecht, wenn solche Personen einen höheres Einkommen als ErwerbsarbeiterInnen haben, im Gegenteil, vielen gilt das sogar eher als normal. Es ist zweitens bemerkenswert, dass es auch nur sehr bedingt als ungerecht empfunden wird, dass bestimmte Tätigkeiten manchmal entlohnt werden, also ein Einkommen erzielen, und ein anderes Mal nicht, Kindererziehung beispielsweise oder Kochen oder Putzen. Bei genauerem Hinsehen zeigt sich, dass diese Tätigkeiten, wenn sie einkommenslos verrichtet werden, meist von Frauen ausgeführt werden. Deren Benachteiligung löst ebenso wenig ein allgemeines Gefühl der Ungerechtigkeit aus wie die Bevorteilung von Vermögenseinkommen.

Zwar wird die Aussage, dass Arbeitseinkommen höher sein müssten als Einkommen aus Sozialtransfers, damit begründet, dass es ungerecht sei, wenn jemand auf Kosten anderer lebe, tatsächlich aber gilt das gar nicht als allgemeiner Gerechtigkeitsgrundsatz. Vermögen wurde in seiner Entstehungsgeschichte immer einmal auf Kosten der Arbeitenden gewonnen und die Arbeitsfähigkeit der meist männlichen Erwerbsarbeiter könnte ohne die meist weibliche unentgeltliche Betreuungsarbeit gar nicht (wieder-)hergestellt werden. Es ist in unserer Gesellschaft viel eher die Regel als die Ausnahme, dass Einzelne zumindest in bestimmter Hinsicht auf Kosten anderer leben. Als ungerecht gilt das nur dann, wenn Menschen, die über nichts anderes verfügen als ihre Arbeitskraft, ein Einkommen erzielen, ohne dass sie diese verkaufen.

Diese Position wird häufig auch von Menschen eingenommen, die durchaus die oben erwähnten Ungerechtigkeiten einräumen. Sie argumentieren dann, dass doch alle verpflichtet sein müssten, sich an der Produktion des gesellschaftlichen Reichtums zu beteiligen. Aber auch dieser scheinbare Gerechtigkeitsgrundsatz gilt in der Realität nicht. Tatsächlich bestehen die meisten Erwerbsarbeiten gar nicht in der Produktion von Reichtum, sondern in ganz anderen, mehr oder weniger sinnvollen und notwendigen Tätigkeiten. Wer zum Beispiel Zigaretten herstellt, tut zwar etwas, das aus gesundheitlichen Gründen besser nicht getan würde, stellt aber wirklich etwas her. Wer die Werbung für die Zigaretten entwirft, produziert keinen Reichtum, sondern wird aus der Umverteilung dessen bezahlt, was die ProduzentInnen geschaffen und die Unternehmen daran verdient haben. Dieser Vorgang, dass einige den Reichtum herstellen und viele etwas davon abbekommen, ist offenbar allgemein verbreitet. Ob er als gerecht gilt, hat nichts damit zu tun, dass einige etwas tun, von dem andere profitieren. Auch die höheren Einkommen der nicht produktiv Tätigen werden kaum als Gerechtigkeitsproblem gesehen. Als solches gilt es nur, wenn Einkommen aus Sozialtransfers entstehen.

So ergibt sich die eigentümliche Situation, dass Gegenargumente gegen ein bedingungsloses Grundeinkommen aus scheinbaren Gerechtigkeitsgründen vor allem aus drei Bevölkerungsgruppen kommen, die selbst sehr unterschiedliche Stellungen in ungerechten Systemen haben: Gegen ein BGE sprechen sich besonders häufig Menschen aus, deren Einkommen nicht aus Erwerbsarbeit stammen, also VermögensbesitzerInnen und UnternehmerInnen, aber auch BezieherInnen besonders hoher und besonders niedriger Erwerbseinkommen.

Dabei würden Gerechtigkeitsüberlegungen zu ganz anderen Ergebnissen führen können, wenn sie bestimmte gesellschaftliche Realitäten zur Kenntnis nehmen würden. Zum einen besteht schon längst ein großer Teil des Reichtums einer Gesellschaft aus Elementen, die wir nicht selbst geschaffen haben: Verfahren, Wissen, Technologien verdanken wir in großem Umfang denen, die vor uns waren. Wir stehen sozusagen auf den Schultern der Früheren. Es lässt sich gerechterweise nicht begründen, warum diejenigen ein besonderes Anrecht auf dieses Erbe haben sollten, die heute zufällig über Erwerbsarbeitsplätze oder gar Vermögen verfügen. Dieser Reichtum steht offenkundig der gesamten Gesellschaft zu und sollte in ihr gleichmäßig verteilt werden.

Zum anderen sind die tatsächlichen Einkommen der Menschen offensichtlich völlig unabhängig davon, einen wie großen Anteil an den gesellschaftlich notwendigen und nützlichen Tätigkeiten sie haben. Produktivität ist nicht dasselbe wie Erwerbsarbeit, viele bezahlte Arbeiten sind unproduktiv, unnütz und oft auch schädlich, viele unbezahlte Tätigkeiten sind unverzichtbar. Hochproduktive ArbeiterInnen verdienen oft nur wenig, aus der Umverteilung der von ihnen geschaffenen Reichtümer erhalten andere hohe Gehälter. In der Regel ist der persönliche Anteil der Einzelnen an der Produktion des gesellschaftlichen Reichtums gar nicht zu bestimmen, so dass ein in dieser Hinsicht gerechtes Einkommen nicht ermittelt werden könnte. Gegenüber all diesen Faktoren schafft ein bedingungsloses Grundeinkommen zwar keine vollkommene Gerechtigkeit, aber einen gewissen Ausgleich.

Wer ist gegen ein Grundeinkommen?

Der Vorschlag eines bedingungslosen Grundeinkommens findet viel Zustimmung, aber auch Widerspruch. Manche Einwände kommen erkennbar daher, dass es uns Menschen nicht leicht fällt, neue und ungewohnte Ideen anzunehmen. Einige drücken aber auch Sorgen, Befürchtungen oder Betroffenheiten aus, die man sehr ernst nehmen muss. Damit beschäftigen sich die folgenden Tafeln. Einwände gegen ein bge kommen hauptsächlich aus drei gesellschaftlichen Bereichen:

Gewerkschaften

Hier geht es meist darum, dass ein Grundeinkommen zu einer einseitigen Entlastung der Arbeitgeber führen könnte, dass es die Arbeitsmoral beeinträchtigen oder andere negative Folgen für die Beschäftigen nach sich ziehen könnte.

Wirtschaft / Konzerne

Umgekehrt fürchten Wirtschaftkreise, dass ein bge das Selbstbewusstsein der Beschäftigten bis hin zu revolutionären Umtrieben stärken und ihre Bindung an den Arbeitsplatz und die Erwerbsarbeit überhaupt beeinträchtigen könnte.

Reiche

Irgendwoher muss ein bge bezahlt werden und naturgemäß sind diejenigen, die über größere Mittel verfügen, nicht alle begeistert von der Aussicht, dass sie dazu herangezogen werden könnten.

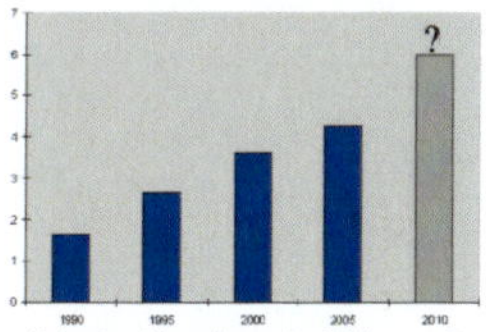

Privates Vermögen in Billionen €

www.grundeinkommen-attac.de

Zuviel Umverteilung?

In Deutschland existiert ein starkes Ressentiment gegen BezieherInnen von staatlichen Transfereinkommen. Die Bildzeitung hetzte gegen „Florida-Rolf", einen arbeitslosen Mann, der Sozialhilfe bezog und in den USA lebte, Fernsehsender schicken ReporterInnen aus, um angebliche Sozialbetrüger zu entlarven, und die Bundesregierung erntet nur wenig öffentliche Empörung, wenn sie nach Jahren ohne jede Erhöhung und verfassungsgerichtlich festgestellter Rechtswidrigkeit die Regelsätze für Arbeitslosengeld II um ganze fünf Euro erhöht. In dieser Situation trauen sich viele politische Akteure nicht, Forderungen zu stellen, die sie eigentlich für richtig und gerecht halten. Manche KritikerInnen aus der (oft gewerkschaftsnahen) Linken übernehmen aber auch selbst die Haltung gegen sogenannte arbeitslose Einkommen.

Zum Lesen

- *Joachim Bischoff: Allgemeines Grundeinkommen. Fundament für soziale Sicherheit?* VSA-Verlag, Hamburg 2007, 103 Seiten, ISBN 978-3-89965-186-7, 11,80 €

Zwar erkennt Joachim Bichoff, dass das Fundament bisheriger Sozialstaatlichkeit in Deutschland – Sozialversicherungsbeiträge auf der Basis von Erwerbsarbeit – seine Basis verloren hat. Vor diesem Hintergrund plädiert er für eine neue Grundlegung sozialer Sicherheit für alle. Dennoch hält er an der Orientierung auf Vollbeschäftigung fest und lehnt ein BGE ab.

- *Widersprüche Nr. 102: Neue Soziale Fragen? Zur Diskussion um Arbeit, Mindestlohn und bedingungsloses Grundeinkommen.* Kleine Verlag, Bielefeld 2006, ISBN 978-3-8937 0424-8, 11,00 €

Diskutiert werden Fragen um Grundeinkommen, Mindestlohn, Kombilohn. Die Perspektiven und Standpunkte der einzelnen Beiträge sind unterschiedlich bis gegensätzlich und erheben nicht den Anspruch einer vollständigen Abdeckung des Themas. Ein erster guter Eindruck für EinsteigerInnen ins Thema.

Im Internet

- http://www.labournet.de/diskussion/arbeit/existenz/linkskritik.html

Labournet Germany dokumentiert die linke Kritik am Grundeinkommen ziemlich vollständig.

- http://perspektiven.verdi.de/mindestsicherung

Speziell eingerichtete Webseite von verdi zur kontroversen Diskussion um das Grundeinkommen

BGE: Trojanisches Pferd des Neoliberalismus

Das bedingungslose Grundeinkommen – in der in Deutschland diskutierten Spannweite zwischen 600 und 1500 Euro pro Monat – soll jeder Person, ob Kind oder Greis, unabhängig von Bedürftigkeit und erst recht von staatlicher Bedürftigkeitsprüfung ein Stück individueller Autonomie verschaffen. Dieses Ziel und die damit verbundene Kritik an heutigen Autonomieverlusten insbesondere durch Arbeitslosigkeit und Diskriminierung von Arbeitslosen sind nachvollziehbar. Doch das Ziel lässt sich nicht erreichen, weil das vorgeschlagene Mittel automatisch kontraproduktiv wirkt. Das gilt für jeden Entwurf eines bedingungslosen Grundeinkommens (BGE), ob von „links" oder „rechts". Entscheidend dafür ist die allen Modellen gemeinsame Bedingungslosigkeit, mit der das Grundeinkommen an jede Person gezahlt werden soll, und die damit unweigerlich verbundenen Kosten. Selbst bei einer bescheidenen Höhe des Grundeinkommens von 800 Euro entsteht ein Finanzbedarf von einem Drittel des Volkseinkommens, rund gerechnet etwa so viel wie alle heutigen staatlichen Sozialausgaben einschließlich der Rentenzahlungen. Diese Summe aufzubringen heißt, die öffentlichen Einnahmen durch entsprechende Steuern und Beiträge drastisch zu erhöhen und/oder die bisherigen öffentlichen Ausgaben mit den dahinter stehenden Leistungen radikal zu kürzen. Ersteres dürfte politisch und gesellschaftlich außerordentlich schwerfallen.

Letzterem dagegen ist durch Sparnotwendigkeiten, Bürokratieabbau, schlankem Staat usw. sozialpsychologisch schon ein guter Boden bereitet, auf dem auch ein drastisch zusammengestrichener Sozialstaat mit nur noch wenigen Grundsicherungsleistungen politisch gedeihen könnte. Genau das aber – ein Flat-Sozialstaat mit einer Flat-Tax-Finanzierung – ist das erklärte Ziel der konservativen Anhänger des bedingungslosen Grundeinkommens.

Wie aber wollen die „linken" Grundeinkommensverfechter diese Entwicklung verhindern? Faktisch würden sie sie sogar unterstützen und beschleunigen – wie man an den Vorschlägen von Götz Werner, dem Besitzer der Drogeriemarkt-Kette dm, beispielhaft ablesen kann: Götz Werner will das bedingungslose Grundeinkommen – in seinem Fall 1500 Euro pro Monat – explizit auf die ausgezahlten Bruttolöhne anrechnen bzw. diese entsprechend senken. Und er will die Finanzierung des Grundeinkommens sicherstellen, indem er alle vorhandenen Steuern mit einer Ausnahme abschafft, die verbleibende Mehrwertsteuer aber auf einen Steuersatz von 50 Prozent erhöht. Die Folge: Der künftige Grundeinkommensempfänger ohne Arbeit bzw. ohne weiteres Einkommen verfügt von seinen 1500 Euro brutto nur noch über 750 Euro netto, etwas mehr als die heutige durchschnittliche Sozialhilfeleistung. Denn zur Bestreitung seines Lebensunterhalts muss er alles Einkommen ausgeben und versteuern. Und der Empfänger mit Arbeit verliert von seinem heutigen Vollzeiteinkommen in Höhe von durchschnittlich 3000 Euro pro Monat wegen der Anrechnung des Grundeinkommens die Hälfte seines Arbeitseinkommens. Mit der anderen Hälfte landet er wegen der hohen Mehrwertsteuer dann auf dem selben Lebensstandard wie die Menschen ohne Arbeit. Dagegen können Arbeitgeber wegen der gesenkten Bruttolöhne und der abgeschafften direkten Steuern ihre Einkommen sprunghaft mehren. Die Mehrwertsteuer brauchen die Arbeitgeber dagegen nicht zu fürchten, weil sie angesichts ihrer hohen Einkommen nur einen kleinen Teil davon für Konsum bzw. Lebensunterhalt ausgeben müssen. Die Folge: Die Einkommensverteilung wird noch ungleicher, die soziale Spaltung noch tiefer, der Sozialstaat noch schwächer, einschließlich der Gewerkschaften. Tendenziell ist diese Entwicklungsspirale in allen anderen Modellen genauso angelegt, nicht zuletzt wegen ihrer Finanzierungs-Implikationen. Das bedingungslose Grundeinkommen ist zwar normativ ein emanzipatorisches Projekt, faktisch aber ein trojanisches Pferd des Neoliberalismus.

Claus Schäfer in: Einblick 11/2007 (Hans Böckler Stiftung)

Exkurs

Der Sozialstaat oder wie viel Emanzipation braucht ein Mensch?

Der Sozialstaat erscheint oft als identisch mit (sozialer) Marktwirtschaft und in einer bestimmten Weise ist er das auch. Er sichert einige Risiken derer ab, die gezwungen sind, Geld mit Erwerbsarbeit zu verdienen. Das war nicht immer so. Rechtsgeschichtlich und systematisch ist zunächst das Eigentum geschützt. Ziel der ersten demokratischen Kämpfe europäischer Bürger war es, mit dem eigenen Besitz frei verfahren zu können. Dazu gehört es auch, Arbeitskräfte einzustellen und Arbeitsprozesse zu organisieren. Die Menschen haben kein Recht auf Arbeit, sondern lediglich darauf, ihre Arbeitskraft verkaufen zu dürfen. Im Frühkapitalismus konnten die ArbeiterInnen, losgelöst vom Schutz ihrer Großfamilien oder Dorfgemeinschaften, kaum ihr bloßes Überleben sichern. Für die Betriebe wurde der Nachschub an gesunden und arbeitsfähigen Beschäftigten ungewiss. Staatliche Eingriffe in das System geteilter Unsicherheit wurden nötig.

Bei aller Verschiedenheit im Konkreten gibt es Gemeinsamkeiten. Staatliche Maßnahmen sichern Mindestbedingungen der materiellen Existenz ab, schützen besondere Gruppen wie Kinder oder Schwangere, regeln Arbeitsbedingungen oder -zeiten. Die Beschäftigten sind damit nicht mehr völlig schutzlos, aber der Herrschaftscharakter der Gesellschaft ändert sich nicht. Sozialpolitik geschieht nicht freiwillig, sondern auch in Reaktion auf und im Widerspruch zu den Selbstorganisierungsbemühungen der ArbeiterInnen. So ist die Entstehung des Sozialstaats sowohl aus dem Herrschaftsanspruch des demokratischen Staates wie den Kämpfen der ArbeiterInnenbewegung zu erklären.

Im Unterschied zum liberalen Staat gibt er ein Versprechen: Wenn die Beschäftigten sich an die Regeln halten, wenn sie auf grundsätzliche Systemopposition verzichten, dann sorgt der Staat im Gegenzug für eine gewisse materielle Absicherung. Dieses Versprechen war immer unsicher, für manche galt es gar nicht, zum Beispiel für Nicht-StaatsbürgerInnen. Für andere war es an zusätzliche Bedingungen geknüpft. Deren wichtigste war und ist der Zwang zur Erwerbsarbeit. Daran waren und sind Bevölkerungsgruppen höchst ungleich beteiligt. Jugendliche und Kinder bleiben auf die Väter und Familien angewiesen. Zwar gibt es für sie Kindergeld unabhängig vom Einkommen. Aber die Ärmsten sind davon ausgenommen, ihnen wird es von den Transfereinkommen (Sozialhilfe, ALGII) abgezogen. Dafür bekommen alle Steuervorteile, die nur bei hohen Einkommen sinnvoll nutzbar sind.

Vor allem Frauen hingen schon zu den Hochzeiten des Sozialstaates in extremem Maße von ihren Ernährer-Ehemännern ab. Ihr Anspruch auf die Versicherungsleistungen Rente und Krankenversorgung entstand nur aus der Ehe. Hausarbeit wird nicht bezahlt und gilt als minderwertig. Bis 1973 brauchten verheiratete Frauen in der BRD die schriftliche Einwilligung ihrer Ehemänner, wenn sie eine bezahlte Arbeit aufnehmen wollten. Bis heute erhalten sie regelmäßig niedrigere Einkommen als Männer und damit geringere Rentenansprüche. Selbst die erreichen sie nicht in vollem Ausmaß, da ihre Erwerbsbiografien in der Regel Lücken aufweisen. Sie haben Zeiten mit fester Beschäftigung und solche ohne, mit Teilzeitarbeit und allen Formen versicherungsfreier Tätigkeit. Für solche Erwerbsbiografien hielt der Sozialstaat noch nie eine ausreichende Sicherheit bereit.

Arbeitszwang, Ausgrenzung, Unterwerfung unter Herrschaftsansprüche gegen ein Mindestmaß an sozialer Sicherheit, das mag vielleicht für viele ein schlechtes Geschäft gewesen sein, aber es war immerhin eines. Heute gilt das Sozialstaatsversprechen so praktisch nicht mehr, auch wenn immer noch von sozialer Sicherheit die Rede ist. Aber der Inhalt hat sich geändert, und zwar doppelt. An die Individuen als Arbeitstätige gerichtet bedeutet das, sie müssen sich in der Konkurrenz mit ihren MitbewerberInnen auf den Märkten durchsetzen und sich immer wieder neu den veränderten (Heraus-)Forderungen wechselnder Jobs stellen. Materielle und soziale Absicherung gibt es nicht mehr als Recht, sondern nur noch als Prämie für erfolgreiches Agieren auf dem Markt.

Den Individuen als StaatsbürgerInnen verheißt das Versprechen sozialer Sicherheit etwas völlig anderes: Wer sich staatlichem Herrschaftsanspruch fügt, dem verschafft der Staat eine neue Form von Sicherheit, Sicherheit vor terroristischer und krimineller

Bedrohung. Die Russenmafia und El Quaida hält uns der Staat heute vom Hals, nicht mehr Armut und Ausgrenzung. Von diesem Schutz profitiert selbstredend am meisten, wer am meisten zu verlieren hätte. Der Sozialstaat richtete sein Versprechen an die Ärmsten, der Sicherheitsstaat an die Reichsten.

Die Armen müssen nicht nur von ihren sozialen Leistungen Abstriche hinnehmen, damit der umfassende Sicherheitsaufwand bezahlbar bleibt. Oft genug werden sie selbst zum Sicherheitsrisiko erklärt und die Repression richtet sich gegen sie. Es ist ähnlich wie am Anfang: Der Schutz gilt vor allem dem Eigentum und dem Lohnarbeitsverhältnis. War der Sozialstaat der Versuch von Herrschaft durch Konsens, so ist der Sicherheitsstaat der Versuch, Konsens durch Repression und Einschüchterung zu erzwingen.

Selbst wenn er es anders wollte, verliert der Sozialstaat in der allumfassenden Konkurrenz der Standorte seine Verteilungsspielräume. Nationale Sonderlösungen sind in einer globalisierten Welt nicht mehr möglich, aber Sonderlösungen für bestimmte Bevölkerungsgruppen werden versucht.

Verschanzt in ihren Vierteln der *global cities*, bewacht von schwer bewaffneten Söldnern, außerhalb nur noch im Hubschrauber oder Flugzeug unterwegs, zur Erholung wie zum Einkauf in ebenfalls ummauerte *shopping-malls*, fristen GewinnerInnen der Globalisierung ein sonderbares, reiches Leben. Soziale Sicherheit ist heute nur noch denkbar, wenn in diesem gesamten System geteilter Unsicherheit staatliche Eingriffe in weltweiter Perspektive stattfinden.

Mehr Informationen

- http://www.arbeitnehmerkammer.de_
Bremer Webseite mit umfassenden Informationen zu konkreten sozialen Problemen
- http://sozialstaat.ch
Ursprünglich Webseite einiger Schweizer Universitäten, jetzt eine private Initiative

Zerstört ein Grundeinkommen die Sozialsysteme?

Ein Nachteil des deutschen Sozialversicherungssystems ist, dass alle Ansprüche an die Zahlung von Beiträgen gebunden sind. Diese wiederum werden in der Regel nur von Arbeitseinkommen erhoben. Wer nichts einbezahlt hat, bekommt auch nichts; bei der Rente gilt zusätzlich: Wer wenig einbezahlt hat, bekommt wenig. Da immer mehr Menschen keine oder nur unregelmäßige Erwerbsarbeit finden, verfügen sie kaum über soziale Sicherungen. Dem soll und kann ein Grundeinkommen abhelfen.

Gleichzeitig hat das Sozialversicherungssystem aber auch Vorteile. Wer in die gesetzliche Krankenkasse einzahlt, bekommt (noch) alle medizinisch sinnvollen Leistungen. Das ist grundsätzlich bei der Pflege ebenso und auch die Rentenversicherung führte einmal dazu, dass ein erreichter Lebensstandard im Alter gehalten werden konnte. Die Beiträge der Versicherten werden unmittelbar an die Berechtigten ausgezahlt, so dass sie nicht den Risiken der Kapitalmärkte ausgesetzt sind. Gleichzeitig dürfen sie nur für den vorgesehenen Zweck verwandt werden und sind nicht Teil des allgemeinen Staatshaushaltes. So kommen sie ausschließlich den Versicherten zu Gute, die die Systeme auch selbst verwalten – allerdings mit Beteiligung der Arbeitgeber.

Das alles sind durchaus soziale Errungenschaften, die verteidigt werden sollten. Leider gibt es auch manche neoliberale Konzeption, die sich Grundeinkommen nennt und tatsächlich zum Beispiel auf die Abschaffung der gesetzlichen Krankenversicherung zielt oder darauf, die Altersrenten auf einen Minimalbetrag zu reduzieren und ansonsten dem freien Versicherungsmarkt zu überlassen. Solche Vorschläge weisen wir zurück: Ein bedingungsloses Grundeinkommen muss die Menschen besser stellen und nicht schlechter. Der Einsatz für ein Grundeinkommen und für umfassende und gute Sozialsysteme gehören zusammen.

Es muss das Prinzip der Bürgerversicherung gelten:
Alle zahlen von allen Einkommen und erhalten, was sie brauchen.

Einkommen aus:			**Sozialsystem:**
Landwirtschaft	⇨	⇨	Grundeinkommen
Produktion	⇨	⇨	Rente
Vermietungen	⇨	⇨	Bildung
Immobilien	⇨	⇨	Krankenkasse
Börse	⇨	⇨	Pflege
Verkauf	⇨	⇨	…
…	⇨	⇨	…

www.grundeinkommen-attac.de

Infrastruktur

Damit alle gesellschaftlich notwendigen Tätigkeiten getan werden und die Menschen ihren Bedürfnissen gemäß leben können, sind vielfältige strukturelle Voraussetzungen erforderlich. Ein bedingungsloses Grundeinkommen sichert die Zugänge dazu keineswegs für alle. Es ist für sich genommen auch nur eine Geldzahlung, die im (neoliberalen) Kapitalismus auf den Markt führt. Was man dort für sein Geld kaufen kann, ist damit ebenso wenig beantwortet wie die strukturellen Ungerechtigkeiten dieses Wirtschaftssystems beseitigt sind. Deshalb gibt es vor allem in der linken und linksradikalen Strömung der GrundeinkommensbefürworterInnen die Vorstellung, ein BGE eng zu verbinden mit einer umfassenden sozialen Infrastruktur, die für ihre BenutzerInnen kostenlos sein muss. Einig sind diese Strömungen sich darin, dass die bestehenden sozialen Sicherungssysteme verteidigt und ausgebaut werden müssen und nicht der reinen monetären Selbstbestimmung auf dem Markt geopfert werden dürfen.

Zum Lesen:

- *Werner Rätz, Horst Lüdtke: Sozialstaat oder: Globale Soziale Rechte?* attac-Basistext Nr. 33, VSA-Verlag, Hamburg 2009, 96 Seiten, ISBN 978-3-89965-344-1, 6,50 €

Wie für Attac-Basistexte üblich: ein fundierter Überblick über das Thema. Nach einer kurzen Darstellung der Entstehungsgeschichte des modernen Sozialstaats werden am Beispiel einer behaupteten demografischen Krise Mythen neoliberaler Sozialstaatskritik und die Interessen dahinter aufgezeigt. Eine eingehende Erörterung der Funktionsweise der beiden großen Sozialversicherungssysteme in Deutschland, Gesetzliche Renten- und Gesetzliche Krankenversicherung, folgt und wird vervollständigt durch aktuelle Reformvorschläge. Das Buch ist kein Plädoyer für ein bedingungsloses Grundeinkommen, sondern ein Angebot zu gemeinsamer Praxis aller BefürworterInnen umfassender sozialer Sicherung.

Im Internet

- www.links-netz.de/rubriken/R_infrastruktur.html

Webseite der Frankfurter Initiative Links-Netz mit dem vollständigen und neu bearbeiteten Konzept einer „Sozialpolitik als Bereitstellung einer sozialen Infrastruktur" und der Diskussion darum

- http://www.boeckler.de/160.html

Themenseite der Hans-Böckler-Stiftung zur sozialen Frage

- http://www.bertelsmann-stiftung.de/bst/de/media/xcms_bst_dms_33013_33014_2.pdf

Wiedergabe der OECD-Studie „Soziale Gerechtigkeit in der OECD – Wo steht Deutschland?" durch die Bertelsmann-Stiftung

- http://www.sozialpolitik-aktuell.de/einkommen-berichte.html

Kostenloses, nicht kommerzielles Serviceangebot der Universität Duisburg-Essen, initiiert und betreut von Prof. Dr. Gerhard Bäcker und den MitarbeiterInnen und Mitarbeitern des Lehrstuhls für Sozialpolitik (Institut für Soziologie)

Die Solidarische Bürgerversicherung / Attac

1. Wir wollen für die vier Zweige der Sozialversicherung (SV), also für die gesetzliche Kranken-, Pflege-, Renten- und Arbeitslosenversicherung, gleichermaßen eine solidarische Bürgerversicherung. Die gesamte Bevölkerung in Deutschland soll Beiträge aus allen ihr zufließenden Einkommensarten zahlen. Somit sollen nicht mehr nur die Arbeitsentgelte zur Finanzierung der SV-Beiträge herangezogen werden, sondern auch Kapital- und Vermögenseinkommen wie Zinsen, Dividenden, Mieten u.a.
2. Wir wollen durch unser Bürgerversicherungssystem mehr Gerechtigkeit und Solidarität. Das ist am einfachsten zu erreichen, wenn nach dem Prinzip des gegenwärtigen „Solidaritätszuschlages" die

SV-Beitragsbemessung an die progressive Lohn- und Einkommensteuer gekoppelt wird. So würde der Beitrag in Form einer streng zweckbestimmten Quote an die vier SV-Zweige fließen. Die Bezeichnung für diese Beitragsquote soll Sozialsoli sein.

3. Wir wollen mit dem Sozialsoli folgende Vorteile des progressiven Steuersystems auf die SV-Beitragserhebung übertragen:
   1. Freibeträge für niedrige Einkommen zur Schonung des Existenzminimums
   2. oberhalb des Freibetrags progressiv ansteigende Beiträge bis zu einem Spitzensatz
   3. die darüber liegenden Einkommen zahlen mit dem Spitzensatz in die SV-Kasse. Damit entfällt auch die solidarwidrige Beitragsbemessungsgrenze. Denn diese Grenze bewirkt im gegenwärtigen System, dass SV-Beiträge nur bis zu einer bestimmten Höhe des Arbeitsentgelts gezahlt werden müssen. Alles darüber hinausgehende Entgelt ist zur Zeit beitragsfrei.
4. Wir wollen mit dem Sozialsoli keine neue Steuerschuld einführen. Es bleibt bei einem SV-Beitragssystem. Dieses setzt jedoch ein gerechtes Lohn- und Einkommensteuersystem voraus. Notwendig sind ausreichende Progression sowie die Vermeidung von Steuerflucht und Steuertricks.
5. Wir wollen auf gar keinen Fall Kopfpauschalen, die allen Bürgern, ob arm oder reich, gleich hohe Geldbeträge abverlangen. Gewinner sind dann die Besserverdienenden, Verlierer die Einkommensschwachen. Viele Kopfpauschalen wie Praxisgebühr und Zuzahlungen haben wir durch Gesundheits-„Reformen" schon jetzt in der gesetzlichen Krankenversicherung (GKV).
6. Wir wollen mit unserer Bürgerversicherung die private Kranken- und Pflegeversicherung abschaffen. Damit wird das skandalöse Zweiklassensystem beseitigt, das es so nur in Deutschland gibt und den Besserverdienenden ermöglicht, sich dem Solidarsystem der gesetzlichen Versicherung zu entziehen.
7. Wir wollen eine menschenwürdige Altersversorgung. Die Mindestrente muss ein Leben in finanzieller Sicherheit garantieren.
8. Wir wollen die „Solidarische Bürgerversicherung/ Attac mit dem Sozialsoli" auch in der Arbeitslosenversicherung.
9. Wir wollen für die Sozialversicherung ausschließlich das Umlageverfahren. Hier werden die eingezahlten Beiträge umgehend für die Leistungen wieder ausgegeben. Damit ist das Verfahren unabhängig von der privaten Versicherungswirtschaft, von Banken und vom Finanzmarkt mit seinen Turbulenzen. Ganz anders das Kapitaldeckungsverfahren, wo die Beitragsgelder in riesigen Fonds angesammelt werden und auf Rendite/Profit ausgerichtet sind.

AG Soziale Sicherung Attac Berlin (gekürzt)
http://attacberlin.de/agenda2010/pdfs/Flyer_SBV.pdf

Macht ein Grundeinkommen nur die Reichen reicher?

Ein bedingungsloses Grundeinkommen wird an jeden Menschen ausgezahlt, auch an diejenigen, die über genügend eigene Mittel zu einem materiell sorgenfreien Leben verfügen. Warum sollten wir dafür eintreten, dass sie noch reicher werden? Und wie ist das mit den Unternehmen, wo ja nun der Chef den Angestellten sagen kann: Du hast das Grundeinkommen, also muss ich dir nicht mehr so viel zahlen.

Tatsächlich sind dies Wirkungen eines Grundeinkommens. Ob es allerdings die einzigen sind oder ob da noch ganz andere hinzutreten, das hängt von mancherlei Bedingungen ab.

Der Angestellte könnte auch umgekehrt seinem Chef sagen: Ich habe ja nun das Grundeinkommen und wenn du mir keine besseren Bedingungen bietest, dann gehe ich. Oder der Bundestag könnte ein Grundeinkommen so gestalten, dass die Einkommensteuer für Gutverdienende deutlich erhöht wird. So hätten sie durch das Grundeinkommen nicht nur keinen finanziellen Gewinn, sondern sie müssten noch zusätzlich zu seiner Finanzierung beitragen.

Das bedingungslose Grundeinkommen ist in diesen Fragen ein Instrument, das verschiedene Wirkungen haben kann, und seine BefürworterInnen vertreten auch durchaus unterschiedliche Vorstellungen. Einige wollen Mindestlöhne, andere wollen Löhne senken. Das Grundeinkommen eröffnet Spielräume, die politisch und im Prozess sozialer Auseinandersetzungen gefüllt werden können und müssen. Darin unterscheidet es sich nicht von jeder anderen Gestaltung des Sozialwesens, auch nicht von dem, was heute ist. Der Unterschied besteht darin, dass mit Grundeinkommen die Auseinandersetzungen um soziale Regulierungen von den Menschen ohne Angst vor dem materiellen Elend geführt werden können.

www.grundeinkommen-attac.de

Armut und Ausgrenzung

Soziale Sicherheit, Armut und Ausgrenzung haben völlig unterschiedliche konkrete Bedeutung, je nachdem, in welchen Lebenslagen sich Menschen befinden. Für Wohlhabende und BezieherInnen hoher Einkommen kann es belastend sein, hohe Steuern zahlen zu müssen, um öffentliche Infrastruktur und Sozialtransfers zu finanzieren. Für die wachsende Zahl von Menschen, die von diesen Transfers leben müssen, stellt ihre soziale Diskriminierung, ihre öffentliche Brandmarkung als SchmarotzerInnen oder FaulenzerInnen oft das viel größere Problem als die materiell Armut dar. Dabei sind materielle (Un-) Gleichheit und Lebenszufriedenheit nicht nur psychologisch miteinander verbunden, sondern auch von denselben Mechanismen und Strukturen der Weltwirtschaft und der globalen Politik abhängig.

Zum Lesen

- *Richard Wilkinson, Kate Pickett: Gleichheit ist Glück: Warum gerechte Gesellschaften für alle besser sind.* Tolkemitt Verlag bei Zweitausendeins, Frankfurt 2009, 368 Seiten, ISBN 978-3-942048-09-5, 19,90 €
Die umfassende Untersuchung belegt, dass das Glücksgefühl der Individuen abhängig ist von der wirtschaftlichen und rechtlichen Gleichheit der Menschen in der Gesellschaft. Das Leben ist nicht in den reicheren im Vergleich zu den ärmeren Ländern (des globalen Nordens) lebenswerter, sondern die Einkommensschere innerhalb eines Landes entscheidet über Lebenserwartung, Vertrauen und soziale Beziehungen, seelische und körperliche Gesundheit, schulische Leistungen, Gewalt usw. Das Rangeln um Macht und Einfluss, Konsum und Reichtum nimmt zu, je mehr sich Macht und Einfluss, die Konsummöglichkeiten und der Reichtum Einzelner vom Durchschnitt unterscheiden.
- *Wolfgang Gern, Franz Segbers (Hg.): Als Kunde bezeichnet, als Bettler behandelt. Erfahrungen aus der Hartz IV-Welt.* VSA-Verlag, Hamburg 2009, 128 Seiten, ISBN 978-3-89965-386-1, 10,80 €
Im System von Hartz IV mit seinem Fordern und Fördern sind Erwerbslose zunehmend gezwungen, Arbeitsverhältnisse anzunehmen, von denen sie nicht leben können, oder sie müssen Erwerbsarbeit simulieren, indem sie sich unablässig um nicht vorhandene Arbeitsplätze bewerben. Das führt nicht nur zu materieller Armut, sondern vor allem zu dem Gefühl, in der eigenen Würde beschädigt zu sein.

Im Internet

- http://www.bag-shi.de/
Bundesarbeitsgemeinschaft Prekäre Lebenslagen
- http://www.elo-forum.org/
Erwerbslosenforum Deutschland
- www.also-zentrum.de/allgemein/index.htm
Arbeitslosenselbsthilfe Oldenburg

Alle drei Links sind Webseiten von Zusammenschlüssen selbstorganisierter Betroffener.

Gerechte Steuern – Öffentliche Finanzen stärken

Die von uns (Attac/Ver.di) vorgeschlagene„Solidarische Einfachsteuer" beruht auf den folgenden Leitlinien:

Gerechtigkeit: Vor allem muss die Verteilung der Steuerlast sozial gerecht gestaltet werden. Dazu dient das Prinzip der ökonomischen Leistungsfähigkeit, die sowohl im Einkommen als auch im Vermögen zum Ausdruck kommt. Daraus lässt sich eine progressive Einkommensteuer ableiten, die dafür sorgt, dass mit dem Einkommen auch der Anteil der davon zu entrichtenden Einkommensteuer zunimmt. Nach einem existenzsichernden Grundfreibetrag gilt bis zum „Spitzeneinkommen" eine Zone linearer Progression (konstant steigender Grenzsteuersatz), danach ein Spitzensteuersatz.

Gesamtes Einkommen versteuern: Aus dem Prinzip der Leistungsfähigkeit ergibt sich die Notwendigkeit einer „synthetischen", umfassenden und gleichmäßigen Besteuerung des gesamten Einkommens: Das heißt, alle Einkommensarten, die durch erwerbswirtschaftliche Aktivitäten außerhalb der Privatsphäre entstehen, sind grundsätzlich steuerpflichtig, werden zusammengerechnet und in vollem Umfang nach einem einheitlichen Steuertarif belastet. Eine separate (ermäßigte) Besteuerung einzelner Einkünfte („Schedulenbesteuerung"), wie sie mit der Forderung nach einer Abgeltungssteuer auf Zinseinkünfte von zum Beispiel 25 Prozent oder einer ermäßigten Besteuerung aller Kapitaleinkünfte im Rahmen einer „Dualen Einkommensteuer" propagiert wird, widerspricht dieser Idee. Dies schließt unterschiedliche Techniken der Besteuerung nicht aus, beispielsweise den Quellenabzug bei Lohnsteuer und Kapitalertragsteuern oder die Veranlagung bei den Einkommen der Selbstständigen oder bei den Kapitaleinkünften. Nur müssen sie zu einer ökonomisch gleichen Belastung führen, also nicht einzelne Einkünfte (v.a. aus Kapitalvermögen) faktisch privilegieren.

Schlupflöcher stopfen: Wir wollen die effektive Besteuerung am Verlauf der tariflichen Steuersätze ausrichten. Dazu sind die vielen Steuerschlupflöcher zu stopfen und die nicht begründbaren Steuervorteile abzubauen, damit steigende Steuersätze nicht durch umfangreiche Möglichkeiten zur Verringerung des zu versteuernden Einkommens erodiert werden. Die Steuerflucht ins Ausland ist effektiv zu bekämpfen, Steuersparmodelle, insbesondere im Bereich Vermietung und Verpachtung, sind zu beseitigen. Ziel ist, die tatsächlichen ökonomischen Gewinne und Einkommen periodengerecht zu erfassen und gleichmäßig zu besteuern. Bei der Unternehmensbesteuerung dürfen keine Gewinne mehr in der Bilanz versteckt werden (stille Reserven); privat veranlasste Aufwendungen dürfen die steuerpflichtigen Einkünfte nicht schmälern; Veräußerungsgewinne sind grundsätzlich steuerpflichtig (außer privat genutztem Vermögen); Möglichkeiten zur Minderung der steuerlichen Bemessungsgrundlage (Rückstellungen, Abschreibungen) sind auf ein ökonomisch begründetes Ausmaß einzuschränken. Förderziele, die bisher die Bemessungsgrundlage der Einkommensteuer reduzierten (z.B. Freibeträge oder Sonderabschreibungen), sind zwar nicht grundsätzlich abzulehnen. In vielen Fällen wäre es aber transparenter, zielgenauer und gerechter, direkte Finanzzuschüsse für bestimmte förderwürdige Zwecke (z.B. Investitionen in Umweltschutz oder Forschung) zu gewähren.

Öffentliche Leistungen finanzieren: Die öffentlichen Haushalte der Gebietskörperschaften müssen fiskalisch künftig so ausgestattet werden, dass sie vor allem die für die Wirtschaft und Gesellschaft wichtigen allokativen, distributiven und stabilitätspolitischen Aufgaben wahrnehmen können. Im Unterschied zum vorherrschenden Zeitgeist sind Steuern eben nicht nur Kosten, sondern sie sichern die Finanzierungsbasis für öffentliche Leistungen, die den Steuerzahlern zugute kommen.

Auszug aus: Attac Deutschland, Vereinigte Dienstleistungsgewerkschaft ver.di: Konzept für eine „Solidarische Einfachsteuer" (SES)

Verhindert ein Grundeinkommen die Teilhabe durch Erwerbsarbeit?

Mit drei Aussagen wird immer wieder behauptet, ein Grundeinkommen hindere die Menschen daran, die für eine Gesellschaft nötigen Dinge zu tun.

Niemand wird mehr die unangenehmen Arbeiten machen.

Es stimmt, wer mag schon gerne Müll beseitigen oder gesundheitsschädliche Tätigkeiten verrichten? Wenn dazu auch niemand mehr durch wirtschaftliche Not gezwungen ist, dann wird die Wirtschaft sich umstellen müssen. Viele unangenehme Arbeiten werden dann Maschinen machen und die anderen werden zumindest anständig bezahlt werden müssen. Das ist beides sehr zu begrüßen.

Erwerbsarbeit bedeutet Teilhabe an der Gesellschaft, die muss allen offenstehen.

Ja genau, und deshalb brauchen wir ein Grundeinkommen. Der Fortschritt der Arbeitsproduktivität führt dazu, dass immer weniger Zeit aufgewandt werden muss, um die notwendigen Dinge herzustellen. Die verbleibende notwendige Arbeitszeit reicht schon lange nicht mehr aus, damit alle einen Arbeitsplatz bekommen, die einen haben wollen. Deshalb ist es gut, wenn Menschen zeitweise aussteigen oder kürzer arbeiten können, ohne in wirtschaftliche Not zu geraten. Arbeitszeitverkürzungen werden auch mit einem Grundeinkommen noch nötig sein, damit allen der Zugang zur Erwerbsarbeit möglich wird.

Geld allein macht nicht glücklich, ich muss auch erleben, dass ich gesellschaftlich gebraucht werde.

Auch diese Aussage ist richtig. Es gibt sehr viele sinnvolle und wichtige Dinge zu tun in der Gesellschaft. Manche davon geschehen in der Erwerbsarbeit, andere nicht. Um sie tun zu können, müssen bestimmte Möglichkeiten gegeben sein. Kindertagesstätten, ein gutes öffentliches Verkehrssystem, umfassende kostenlose Bildungsangebote sind auch in einer Grundeinkommensgesellschaft notwendig.

www.grundeinkommen-attac.de

Arbeitsgesellschaft

Zu allen Zeiten haben sich die Menschen mit der Natur und der Gesellschaft um sie herum tätig auseinandergesetzt und sie den eigenen Bedürfnissen entsprechend gestaltet und geformt. Das ist eine Notwendigkeit und ohne sich ihr zu unterwerfen, gäbe es für Menschen kein Überleben. Aber die konkrete Form, in der das geschieht, ist aber nicht so überzeitlich, wie sie scheint. Dass auch schon vor zehntausend Jahren Menschen Bäume gefällt haben, ist kein Argument für die Abholzung der Regenwälder. Obwohl beide Tätigkeiten ähnlich erscheinen könnten, unterscheiden sie sich an einem zentralen Punkt: Die Menschen früher fällten einen Baum, weil sie Holz brauchten, heute tun sie es, weil sie dafür bezahlt werden. Würden sie für die Produktion von Panzersitzen oder das Anstreichen von Häusern bezahlt, würden sie auch das tun.

Zum Lesen:

- *Heinz-J. Bontrup: Arbeit, Kapital und Staat. Plädoyer für eine demokratische Wirtschaft.* 4. völlig überarbeitete und erweiterte Auflage, PapyRossa Verlag, Köln 2011, 649 Seiten, ISBN 978-3-89438-326-8, 28,00 €

Bontrup entwirft sein Leitbild der Wirtschaftsdemokratie anhand einer umfassenden und genauen Darstellung neoliberaler Politik der vergangenen Bundesregierungen. Dabei stellt er fest, dass wir in „den 60 Nachkriegsjahren lediglich auf 12 Jahre Vollbeschäftigung zurückblicken" können. Das wertet er als „ein totales Systemversagen und als eine politische Unfähigkeit im Hinblick auf eine Bekämpfung der ‚Geißel' Arbeitslosigkeit". Offen bleibt die Frage, ob es sich nicht vielmehr um ein präzises Funktionieren des Systems handelt, ob Kapitalismus in seiner aktuellen Phase überhaupt noch anders als mit Massenarbeitslosigkeit verbunden vorstellbar ist.

- *Heinz-Josef Bontrup, Lars Niggemeyer, Jörg Melz: Arbeit fairteilen.* VSA-Verlag, Hamburg 2007, 96 Seiten, ISBN 978-3-89965-249-9, 6,50 €

attac-Basistext 27 mit einem umfassenden Plädoyer für eine rasche und weitgehende Arbeitszeitverkürzung.

- *Andreas Exner, Werner Rätz, Birgit Zenker: Grundeinkommen. Soziale Sicherheit ohne Arbeit.* Deuticke Verlag, Wien 2007, 288 Seiten, ISBN 978-3-552-06065-4, 21,50 €

Ausgangspunkt der Überlegungen ist die effektive Unmöglichkeit einer wiederhergestellten Vollerwerbsgesellschaft – und der subjektive Unwille, einer solchen angehören zu müssen.

Im Internet

- www.labournet.de

Treffpunkt für Ungehorsame, mit Job und ohne, basisnah, gesellschaftskritisch

- http://www.forum-neue-politik-der-arbeit.de

Veranstaltungen, Texte und umfassende Servicehinweise

- http://www.jamesrobertson.com/ne/afterfullemployment-1984.pdf

Beim ersten Alternativgipfel gegen die G7 wurde schon über das BGE diskutiert.

Die Krankheit der Arbeitsgesellschaft und ihre Heilung

Die Lage ist pervers. Arbeitslosigkeit ist, jedenfalls in West- und Zentraleuropa, nicht Folge eines Mangels, sondern just die Folge eines Reichtums, der alle Rekorde bricht und über alle Stränge schlägt. Nie und nimmer, so hat man einst ganz unbefangen angenommen, könnte dies je zum Problem geraten. Nichts weniger als der größte Segen wäre es doch, geradezu Erfüllung eines alten Menschheitstraums, die Arbeit auf ein Minimum zu reduzieren. Arbeitslosigkeit verweist, im Verein mit dem bunten Spektrum ihrer versteckten Formen (Ich-AGs, Leih- und Teilzeitarbeit sowie Jobs zu Niedrigstlöhnen, die zudem die Arbeitsproduktivität reduzieren, wenn Menschen billiger als Maschinen sind) darauf, dass gesellschaftlich betrachtet ein immer größerer Teil der Lebenszeit frei verfügbar ist. Mit welchem Arbeitsaufwand wir all das herstellen (könnten), was wir brauchen, ist vernünftigerweise ein zentrales Wohlstandsmaß. Der Wohlstand müsste steigen, nimmt dieses Arbeitspensum ab.

Die Realität sieht anders aus. Arbeitslosigkeit ist, so vermeint die veröffentlichte Meinung, das Problem Nummer eins. Haben wir wirklich keine anderen Sorgen? Augenscheinlich nicht, hören wir die dumpfen Apokalyptiker des Standortwettbewerbs, schenken wir den Massenmedien Glauben. Die einen hysterisieren Arbeitslosigkeit, die anderen dramatisieren sie.

Warum ist das so? Nun, Arbeitslosigkeit verkündet, was Markt und Kapital nicht freuen kann: Die Zeiten des Mangels sind vorbei, das Prinzip individueller Leistung ist obsolet. Arbeitslosigkeit macht offenbar, wie viel Reichtum wir ganz ohne Arbeit schaffen können. Nie war individuelle Leistung entbehrlicher als heute. Längst beruht Produktivität darauf, dass Menschen im Weltmaßstab kooperieren und Maschinen einsetzen. Nachgerade lächerlich ist der Beitrag individueller Arbeit gegen das akkumulierte und von einer immer geringeren Zahl an Menschen in Bewegung gesetzte Wissen all der vergangenen Generationen; jener insbesondere, die so freundlich waren, uns die Mikroelektronik zu überlassen.

Würde es zur breiten Einsicht kommen, wie verrückt das Geschrei von Verzicht, Mangel, Opfer in Anbetracht der Produktivität unserer Gesellschaft eigentlich ist, so könnte der Wirtschaftsbetrieb in heutiger Form, wo viele verlieren, was wenige gewinnen, schwerlich weiter funktionieren. Zwar basiert dieser Betrieb auf Kooperation, doch wenn es darum geht, seine Früchte zu verteilen, dann werden die Ergebnisse plötzlich individuell verbucht; in einer zugespitzten Skala von Profiten auf der einen Seite, in einem nach unten offenen, breiten Sockel weitaus geringerer Löhne auf der anderen. Arbeitslosigkeit zu hysterisieren lenkt also davon ab, wie viele Menschen Einkommen in gewaltigen Summen beziehen, das keineswegs auf einem entsprechenden Beitrag zur Herstellung des gesellschaftlichen Reichtums beruht. Was als angebliche Leistung entlohnt wird, ist keinesfalls immer nützliche und sinnvolle Tätigkeit und hat oft nicht geringe Kosten für die große Mehrheit. Leicht wäre schließlich zu erkennen, dass nicht nur die Unterschiede zwischen Profiten und Löhnen, sondern auch die Spreizung innerhalb der Löhne schwerlich einer wie auch immer definierten Leistung folgen; von sonstigen Einkommen wie Erbschaften, Zinsen und Zufallsgewinnen ganz zu schweigen. Sobald die Arbeitslosigkeit das große Drama ist, das alle Blicke bannt, verschwinden diese Fragen jedoch wie von selbst. „Arbeit ist das letzte Instrument der sozialen Kontrolle, das geblieben ist, nachdem die Kirche, die Gemeinde und andere Institutionen das nicht mehr leisten können", schreibt Ralf Dahrendorf 1982.

Aus: Exner/Rätz/Zenker (s. Literaturtipp), S. 20ff

Grundeinkommen - Belohnung für Faulheit?

Eine zweite Gruppe von Behauptungen geht dahin, dass ein bedingungsloses Grundeinkommen Menschen einen Anteil am Reichtum der Gesellschaft gibt, der ihnen nicht zusteht. Aber was ist der Reichtum einer Gesellschaft und wem steht er zu?

Fast alles, was wir heute wissen, haben wir nicht selbst entdeckt, erforscht, erfunden, sondern wir haben es von unseren VorgängerInnen übernommen. Fast alles, was wir an produktiven Fertigkeiten kennen, stammt nicht von uns. Fast alles, was wir tun, um den Reichtum immer wieder neu herzustellen, tun wir mit Verfahren und Techniken, die andere vor uns entwickelt haben. Wir stehen auf den Schultern der Früheren – und deren Erbe gehört uns allen, nicht nur denen, die es heute tatsächlich anwenden.

Menschen sollen für ihre Tätigkeit eine anständige Bezahlung bekommen, das darf auch in einer Grundeinkommensgesellschaft nicht anders sein. Aber das immer wichtiger und umfangreicher werdende Wissen ist unser gemeinsames Erbe und seine Früchte gehören uns allen.

Aber gibt es nicht Menschen, die gar nichts leisten wollen? Sollen die dafür auch noch belohnt werden?

Es gibt wahrscheinlich Menschen, die gar nichts leisten wollen. Aber das sind sicher weniger, als es manchmal scheint. Vielleicht lohnt sich ein genauerer Blick, vielleicht tun Andere Dinge, die man nicht sofort bemerkt. Wer kann schon dauerhaft gar nichts tun? Und wenn einige das könnten, wäre unsere Gesellschaft nicht reich genug, um das zu verkraften?
Wenn aber die Mehrheit der Gesellschaft der Meinung ist, dass jede und jeder einen Beitrag leisten sollte, dann ist das selbstverständlich ihr Recht. Gesellschaften haben immer schon Übereinkünfte gehabt, welche Verhaltensweisen wünschenswert sind und welche nicht. Jede Gesellschaft ist frei darin, solche Verhaltensweisen zu fördern und zu ermutigen oder umgekehrt als unerwünscht zu kennzeichnen. Aber kein Mensch kann, weil er sich falsch verhält, sein Recht auf ein anständiges Leben verlieren. Und dazu gehört heute ein Einkommen. Das darf niemandem vorenthalten werden, egal wie schlecht er oder sie sich benimmt. Das unerwünschte Verhalten kann Gegenstand von Sozialarbeit sein, von Bildungsmaßnahmen oder der Justiz, darf aber nicht zum Entzug der materiellen Mittel zum Leben führen.

www.grundeinkommen-attac.de

Faulheit

Eine sonderbare Widersprüchlichkeit prägt manche Kritik am bedingungslosen Grundeinkommen. Da wird einerseits gesagt, Arbeit sei schon immer die Art und Weise gewesen, in der Menschen ihren Reichtum schaffen und die Welt gestalten. Zwar gehe die kapitalistische Erwerbsarbeit nicht ganz darin auf, aber sie sei nun einmal die dominante Form, in der diese dem Menschen in allen Zeiten zukommende Tätigkeit heutzutage organisiert sei. Beteiligung daran sei Beteiligung an der Gesellschaft. Davon dürfe niemand ausgeschlossen werden. Gleichzeitig äußern manche ProtagonistInnen dieser Position aber die Befürchtung, bei Einführung eines BGE wolle niemand mehr Erwerbsarbeit ausüben. Da erscheint Arbeit dann plötzlich als Mühsal und Last, vor der man sich drücken will.

Zum Lesen

- *Michael Wilk (Hg..): Paul Lafargue – Das Recht auf Faulheit.* Trotzdem bei Alibri, Aschaffenburg 2010, 97 Seiten, ISBN 978-3-86569-907-7, 10,00 €

„Die Nationalökonomen werden nicht müde, den Arbeitern zuzurufen: Arbeitet, damit der Nationalreichtum wachse! Und doch war es einer der ihrigen, Destutt de Tracy, der da sagte: ‚Die armen Nationen sind es, wo das Volk sich wohlbefindet; bei den reichen Nationen ist es gewöhnlich arm.' Und sein Schüler Cherbulliez setzt hinzu: ‚Indem die Arbeiter zur Anhäufung produktiver Kapitalien mitwirken, fördern sie selbst den Faktor, der sie früher oder später eines Teils ihres Lohnes berauben wird.'"

- *Ernst Lohoff, Norbert Trenkle, Karl-Heinz Lewed, Maria Wölflingseder (Hg.): Dead Men Working. Gebrauchsanweisungen zur Arbeits- und Sozialkritik in Zeiten kapitalistischen Amoklaufs.* Unrast-Verlag, Münster 200, 304 Seiten, ISBN 3-89771-427-2, 18,00 €

Das Buch versammelt viele Beispiele des täglichen Arbeitswahnsinns mit „Eindrücken der absurden Widersprüchlichkeit zwischen Arbeitsdruck und Arbeitsmangel, Arbeitsmoral und Arbeitslosigkeit", wie es in einer Rezension heißt. Gleichzeitig liefert es aber auch einen guten Einblick in das wertkritische Verständnis von Arbeit als Teil, nicht etwa Gegenpart der kapitalistischen Zurichtung der Welt.

Im Internet

- http://www.exit-online.org/
- http://www.krisis.org/thema/kritik-der-arbeit

Webseiten zweier wertkritischen Zeitschriften zum Thema Arbeitskritik

„Wer nicht arbeiten will, soll auch nicht essen"...

...schrieb der Apostel Paulus an die Gemeinde in Thessaloniki (2. Thess 3,10). Kaum ein Bibelzitat ist bekannter und über kaum eines wissen diejenigen, die es zitieren, so oft offensichtlich nichts.

Ein Beispiel gab der mehrfach ehemalige SPD-Vorsitzende Franz Müntefering, der im Sommer 2006 August Bebel aus einer Schrift von 1879 zitierte, der seinerseits schon den Paulussatz in einem entscheidenden Punkt verändert und damit verfälscht hatte. Bei ihm heißt es: „Wer nicht arbeitet, soll auch nicht essen." Es ist angesichts der Realität von Massenarbeitslosigkeit ein Unterschied ums Ganze, ob jemand nicht arbeiten will oder lediglich real keine Erwerbsarbeit hat. Dennoch geht es bei Paulus noch um etwas ganz Anderes.

Der schreibt an eine Gemeinde, die besonders fromm ist und die Wiederkunft Christi unmittelbar erwartet. Da meinen einige, keine Zeit mehr zu haben, sich um die Herstellung der Dinge zu kümmern, die für ein geordnetes Leben nötig wären. Sie „führen ein unordentliches Leben und treiben alles Mögliche, nur nicht arbeiten", heißt es in Vers 11. Das, sagt Paulus, geht so nicht. Sie sollen „in Ruhe ihrer Arbeit nachgehen und ihr selbstverdientes Brot essen" (Vers 12). Es ist durchaus gut und wünschenswert, dass die ChristInnen in Thessaloniki sich auf die Wiederkunft

Christi vorbereiten, und Paulus hatte in Vers 5 auch ausdrücklich dazu aufgefordert. Aber, so seine Aussage, ein „unordentliches Leben" dürfe man deshalb trotzdem nicht führen. Der Begriff kommt dreimal in sechs Versen vor. Es ist dem Schreiber ein Herzensanliegen, deutlich zu machen, dass die Menschen unter keinen Umständen die Organisation ihres Alltags einfach einstellen können, um auf welche religiöse oder sonstige Wichtigkeit auch immer zu warten. Menschliches Leben und menschliche Gesellschaft gelingen nur, wenn sie bewusst gestaltet werden.

Das sollen die angeschriebenen ChristInnen auch denen unmissverständlich deutlich machen, die es nicht einsehen wollen: „Wenn jemand auf unsere Mahnung in diesem Brief nicht hört, dann merkt ihn euch und meidet den Umgang mit ihm, damit er sich schämt", heißt es in Vers 14. Wer also meint, angesichts des nah erwarteten Jüngsten Tages hätte die Organisation des Alltags keine Bedeutung mehr, irrt sich gründlich und die Gemeinde soll diesen Irrtum nicht noch dadurch unterstützen, dass sie die Irrenden durchfüttert. Dann aber kommt ein für das Verständnis der ganzen Stelle entscheidender Satz, der in der gesamten politischen Auslegungsgeschichte unserer Stelle unterschlagen wird: „Doch seht ihn nicht als Feind an, sondern weist ihn als euren Bruder zurecht!" (Vers 15) Ja, die lebensnotwendigen Dinge kommen nicht von alleine auf die Welt. Eine Gesellschaft muss sicherstellen, dass sie immer wieder hergestellt werden. Das ist eine Aufgabe für alle. Aber wer dies verkennt, ist kein Feind, sondern ein Bruder, der sich irrt.

Damit befindet sich Paulus völlig in der biblischen Tradition, die sehr wohl eine Vorstellung vom guten Leben aller hat und davon, dass dies auch mit Ruhe, Muße und Genuss verbunden sein muss. Die vielleicht beeindruckendste Stelle ist Jesaja 55, 1: „Auf ihr Durstigen, kommt alle zum Wasser! Auch wer kein Geld hat, soll kommen. Kauft Getreide und esst, kauft Wein und Milch ohne Bezahlung!"

Die systemische Krise des Kapitalismus oder was ist Reichtum wirklich?

Im Kapitalismus liegt der gesellschaftliche Reichtum in zweierlei Form vor, einmal als konkretes, nützliches Produkt, das gebraucht werden kann und Bedürfnisse befriedigt, und einmal als rein quantitativer Geldbetrag. Dieser Geldausdruck des gesellschaftlichen Reichtums benimmt sich, wie das Zahlenreihen eben tun, er kann scheinbar unbegrenzt gesteigert werden. Dabei hat sich allerdings in allen Krisen gezeigt, dass es sich bei dieser Steigerung zunächst einmal um die Steigerung von Finanzansprüchen handelt. Ob daraus reale Reichtumsflüsse erwachsen, muss sich in der tatsächlichen Ökonomie erst noch erweisen. Zwei Zahlen zu Verdeutlichung: Im Jahr 1980 betrug das weltweite Bruttosozialprodukt 10,1 Bio. US-$ und das Finanzvermögen 12 Bio.; 2007 lauteten die Zahlen 55 Bio. BSP und 196 Bio. Finanzvermögen. Damit diese Ansprüche auch nur zum Teil eingelöst werden können, müssen Bevölkerungsgruppen gefunden werden, die sie bezahlen, wie das mit der Schuldenfalle für die Länder des Südens (siehe Exkurs 1) oder der Senkung der Lohnquote in den Industrieländern passiert.

Im Gegensatz zu den Finanzansprüchen kann die kapitalistische Produktion nicht beliebig und unbegrenzt gesteigert werden kann. Produktion nur um der Produktion Willen ist unmöglich, wenn die Produkte verkauft werden sollen. Produktion muss immer auch zur Befriedigung von Bedürfnissen dienen. Und erstens sind Bedürfnisse grundsätzlich endlich und zweitens zählen im Kapitalismus nur die diejenigen Bedürfnisse, die zahlungsfähig sind. Beides setzt dem unendlichen Wachstum allein schon aus ökonomischen Gründen Grenzen.

Diese Grenzen sind nicht starr. Bedürfnisse können geweckt, gesteigert, neu „erfunden" werden und das passiert ja auch tatsächlich andauernd. Zahlungsfähigkeit ist ebenfalls durch politische und ökonomische Maßnahmen steigerbar. Darauf setzen alle keynesianisch orientierten Krisenlösungsvorschläge wie etwa der *Green New Deal*. Der mit diesem Vorschlag angestrebte ökologische Umbau des Kapitalismus ist nicht prinzipiell undenkbar; der Kapitalismus würde damit eine Weile wieder funktionieren können, weil es neue profitable Investitionsbereiche gäbe. Es wäre wohl eine kurze Weile, weil die Kapitalmassen derart gigantisch sind, aber es wäre eine Weile. Damit würde man die Verwertungsproblematik quantitativ entschärfen und als Sofortmaßnahmen werden solche Schritte für aktuelles politisches Handeln ja auch vorgeschlagen.

Das löst aber das prinzipielle Problem nicht, dass die Endlichkeit der Bedürfnisse eine Grenze für die Unendlichkeit der wachsenden Ansprüche darstellt und dass die reale Kapitalakkumulation schon seit einigen Jahrzehnten an diese Grenze stößt. So gesehen ist auch das bedingungslose Grundeinkommen kein Krisenausweg. Es führt als Geldbetrag auch nur auf den kapitalistischen Markt. Deshalb vertreten wir in der *AG genug für alle* von Attac Deutschland das BGE ja auch in erster Linie als Richtungsforderung und nicht als kurzfristiges Konjunkturprogramm. Auf lange Sicht ist es eine Maßnahme, die den Zwang zum Verkauf der Arbeitskraft mildert. Das ist die Voraussetzung dafür, dass die notwendigen Diskussionen um den Umbau der Gesellschaft geführt werden können. Wir wollen keine soziale und ökologische Trendwende per Verordnung oder Ökodiktatur, sondern eine selbstbestimmte, demokratische Entwicklung. Um die überhaupt denkbar zu machen, ist eine Gesellschaft hilfreich, in der die Menschen ohne materielle Existenzangst die notwendigen Diskussionen führen und die möglichen experimentierenden, suchenden Schritte gehen können.

Der ökologische Umbau der Produktion ist aus Gründen der Endlichkeit der Erde und ihrer Ressourcen zeitlich dringend (siehe Tafel 19), aber auch aus ökonomischen Gründen ist eine Umstellung unseres Wirtschaftens auf die konkreten Formen des Reichtums, auf die Bedürfnisse, und weg vom rein abstrakten Geldanspruch erforderlich. Ein wesentliches Mittel dazu ist die Herausnahme von immer mehr Bereichen unserer täglichen Reproduktion aus den kommerziellen Märkten und ihre Befreiung aus der Warenform. Öffentliche Infrastruktur, die für die BenutzerInnen kostenlos ist, eine umfassende Gesundheitsversorgung für alle nach dem Bedarfsdeckungsprinzip, perspektivisch auch kostenloses Wohnen oder Mobilität wären Schritte in eine solche Richtung. Sie würden

den Betrag, der zur Existenzsicherung noch in Geld ausgezahlt werden muss, niedriger machen und wären damit so etwas wie ein nichtmonetäres BGE. Eine solche Orientierung eröffnet aktuell viele Bündnismöglichkeiten auch mit Gruppen und Personen, die nicht für ein BGE eintreten.

Wir sind dafür, diese zu nützen und konkrete Verbesserungen der alltäglichen Lebenssituation einzelner Bevölkerungsgruppen zu erkämpfen, aber die Forderung nach einem BGE beschränkt sich nicht darauf. BGE als Richtungsforderung bedeutet, gesellschaftlicher Veränderung eine bestimmte Richtung zu geben. Mit der Einführung eines Grundeinkommens kann hier und jetzt begonnen werden. Wenn es aber so wie oben skizziert darauf zielt, die Kapitalmassen zu verringern, die profitable Anlage suchen, wenn es mit zunehmender Umstellung hin zu einer bedarfsorientierten Ökonomie gekoppelt ist, wenn es den Zwang zum Verkauf der Arbeitskraft reduziert, dann weist es über die bestehende Gesellschaft hinaus.

Wohin, darüber muss öffentlich und gemeinsam in der ganzen Gesellschaft diskutiert und entschieden werden. Das bedingungslose Grundeinkommen ist kein Vehikel, mit dem wir sozusagen heimlich den Kapitalismus abschaffen oder den Sozialismus einführen wollen. Aber es ist eine Forderung, deren Durchsetzung es leichter machen würde, über Lösungen für die systemischen Zwänge des Kapitalismus gesellschaftlich nachzudenken.

Mehr Informationen

- http://wadk.de/

Diskussionskreis „Wege aus dem Kapitalismus" (WAK), eine Gruppe von Menschen in Berlin, die mehr oder weniger regelmäßig Theoriearbeit betreiben und Veranstaltungen organisieren

- http://www.prokla.de/

In POKLA, Zeitschrift für kritische Sozialwissenschaft, werden seit 1971 Themen aus den Bereichen der Politischen Ökonomie, der Politik, Sozialgeschichte und Soziologie bearbeitet.

Ist ein Grundeinkommen finanzierbar ?

Es gibt viele verschiedene Rechenmodelle, die die Finanzierbarkeit eines bedingungslosen Grundeinkommens beweisen oder widerlegen wollen. Alle diese Modelle beruhen auf Annahmen, die sie nicht immer benennen. Aber je nach dem, welche Voraussetzungen ich meiner Rechnung zu Grunde lege, erhalte ich unterschiedliche Ergebnisse.

Zum Beispiel rechnen die Gegner eines Grundeinkommens oft so: Wenn jeder Mensch in Deutschland 800 € im Monat bekommt, kostet das etwa 800 Mrd. jährlich. Die gesamten Erwerbs- und Vermögenseinkommen in der Bundesrepublik betragen 1600 Mrd., also benötigt man die Hälfte des Volkseinkommens. Das ist eine Milchmädchenrechnung, denn sie ermittelt nur die Bruttokosten. Davon geht aber all das ab, was durch ein Grundeinkommen eingespart wird: ALGII, Sozialhilfe, Bafög, Kindergeld, Elterngeld, ein großer Teil der Sozialbürokratie. Außerdem gibt es andere Finanzierungsquellen wie Devisen-, Verbrauchs-, Gewinn-, Vermögenssteuern.

Aber auch Finanzierungsvorschläge von BefürworterInnen eines Grundeinkommens enthalten Annahmen oder führen zu Konsequenzen, die man aussprechen muss.

Wer z. B. vorschlägt, dass die Finanzierung ganz oder überwiegend aus der Einkommensteuer zu gewährleisten sei, muss wissen, dass der reichere Teil der Bevölkerung, der dann dafür zahlen muss, dem heftigen politischen Widerstand entgegensetzen wird.

Wer vorschlägt, das Steuersystem auf Umsatzbesteuerung umzustellen, erreicht sicherlich einen Vorteil für in Deutschland produzierende Unternehmen, weil sie finanziell entlastet werden. Gleichzeitig verliert der Staat dabei die Mittel, um der zunehmenden Vermögenskonzentration entgegenzuwirken, da Umsatzsteuern nur bei den Ausgaben ansetzen.

Wer vorschlägt, große Teile der Belastung auf Unternehmensgewinne zu verlegen, muss eine Antwort darauf finden, dass dies die Tendenz zur Betriebsverlagerung und Kapitalflucht verstärken wird.

Wer Verbrauchssteuern bevorzugt, muss das Problem aller Ökosteuern lösen, dass ein hohes Geldaufkommen nur möglich ist, wenn der Verbrauch hoch ist; will man mit solchen Instrumenten etwa den Verbrauch umweltschädlicher Güter einschränken, dann sinkt das Steueraufkommen.

www.grundeinkommen-attac.de

Finanzierung

Einer der am meisten verbreiteten Einwände gegen ein bedingungsloses Grundeinkommen lautet: „Das ist doch nicht finanzierbar!" Das scheint eine ganz einfache Aussage zu sein und dennoch ist sie erst auf den zweiten Blick zu verstehen. Schließlich ist all das, was tatsächlich hergestellt werden kann, auch finanzierbar, sonst wäre es ja nicht herstellbar. Das ist auch in der Nationalökonomie nicht wirklich umstritten. Wäre unser Satz wörtlich zu nehmen, so würde er heißen, dass der produzierbare Reichtum nicht ausreicht, um allen Menschen ein gutes Leben zu ermöglichen. Da das offensichtlich falsch ist, muss etwas Anderes gemeint sein, nämlich: Wenn alle ein Grundeinkommen erhalten sollen, dann müssten Leute etwas abgeben, die das nicht wollen. In der Tat, bei einigen Grundeinkommensmodellen wäre das genau so.

Zum Lesen

- *Helmut Pelzer: Das bedingungslose Grundeinkommen – Finanzierung nach dem Transfergrenzen-Modell. Finanzierung und Realisierung nach dem mathematisch fundierten Transfergrenzen-Modell.* Kurze Zusammenfassung für Diskussionen. Lucius & Lucius Verlag, Stuttgart 2010, 76 Seiten, ISBN 978-3-8282-0530-7, 18,00 €
- *BIEN Schweiz, Die Finanzierung eines bedingungslosen Grundeinkommens.* seismo-Verlag, Zürich 2010, 208 Seiten, ISBN 978-3-03777 102-0, 26,00 €

Die Schweizer Sektion des internationalen Grundeinkommensnetzwerkes hat mit diesem Buch ein Kunststück fertiggebracht. Es bringt gleichzeitig acht konkrete Finanzierungsmodelle und eine klare politische Warnung davor, zu glauben, dass mit dem technischen Nachweis der Finanzierbarkeit die politische Kontroverse um den Willen zur Finanzierung eines BGE überwunden sei. Letzteres ist vor allem Peter Ulrich zu danken: „Was man als bezahlbar oder unbezahlbar wahrnimmt, hängt stets von Werturteilen über Prioritäten und Posterioritäten und damit von normativen Voraussetzungen ab." Die acht vorgestellten Finanzierungsmodelle (drei für die Schweiz, zwei für Großbritannien und je eines für Frankreich, Deutschland und Südafrika) unterscheiden sich stark in politischer Absicht und gesellschaftlicher Auswirkung, sind aber alle mehr oder weniger genau durchgerechnet und haben gemeinsam, dass sie den Anteil des Bruttoinlandsprodukts für sozialen Ausgleich durch ein BGE nicht erhöhen wollen.

Im Internet

- http://www.archiv-grundeinkommen.de/index.html#finanz

Umfangreiche Materialsammlung

- http://www.grundeinkommen-ulm.de

Die Initiative, in der Prof. Pelzer mitarbeitet, hat sich immer wieder mit Finanzierungsfragen befasst.

- http://bien-ch.ch

Webseite von Bien Schweiz

Ein hypothetisches Finanzierungsbeispiel für die Einführung eines Grundeinkommens

Die Durchsetzung des BGE ist keine Finanzierungsfrage, sondern eine des politischen Willens. Der Reichtum ist vorhanden, ein gesichertes Leben für alle ist machbar. Um das zu illustrieren, wird ein einfaches, hypothetisches Beispiel für die Finanzierung umrissen. Es handelt sich hierbei um Modellannahmen, *nicht* um konkrete politische Forderungen!

Finanzierungsquellen (wegfallende Budgetposten und Pensionsausgaben, zusätzliche Steuereinnahmen sowie höherer Einkommensteuertarif):

Zusätzliche Einnahmen (durch wegfallende Budgetausgabeposten und Pensionsausgaben, Daten 2001 sowie zusätzliche Steuereinnahmen):

ASVG-Pensionen:	20 Milliarden Euro
Beamtenpensionen:	5,9 Milliarden Euro
Arbeitsmarktpolitik (Arbeitslosenunterstützung, Karenzgeld):	4,7 Milliarden Euro
Ausgleichsfonds für Familienbeihilfen (abzüglich Ausgaben für Schulfahrtbeihilfe, Freifahrt für SchülerInnen und Lehrlinge, Schulbücher):	4 Milliarden Euro
Wertschöpfungsabgabe:	33,4 Milliarden Euro
Erbschafts- und Schenkungssteuer:	0,3 Milliarden Euro
Vermögenssteuer:	1 Milliarde Euro
Grundsteuer:	0,4 Milliarden Euro
Börsenumsatzsteuer:	2,9 Milliarden Euro
Erhöhung KESt:	0,8 Milliarden Euro
Steuer auf Stiftungsgewinne:	1,4 Milliarden Euro
Lohn- und Einkommenssteuer:	32 Milliarden Euro
Gesamteinnahmen:	**106,8 Milliarden Euro**

In diesem hypothetischen Grundeinkommensmodell erhalten Kinder unter 15 Jahren 2.800 Euro/Jahr, 15- bis unter 20-Jährige 7.000 Euro/Jahr, Erwachsene im Alter von 20-60 (Frauen) bzw. 65 (Männer) Jahren 14.000 Euro /Jahr, PensionistInnen (Frauen ab 60, Männer ab 65) 19.600 Euro /Jahr.

Finanzierungsbedarf:

Bevölkerungszahl Österreich (Volkszählung 2001):	8.065.465
Kinder unter 15:	1.349.300
15- bis unter 20jährige:	486.070
Männer ab 65:	477393
Frauen ab 60:	995.415
Kinder unter 15 (2.800 Euro/Jahr): 2.800*1.349.300 =	3,8 Milliarden Euro
15- bis unter 20-jährige (7.000 Euro/Jahr): 7.000*486.070 =	3,4 Milliarden Euro
20-Jährige bis zur Pension (Männer 65, Frauen 60; 14.000 Euro/Jahr): 11.200*4.757.287=	66,6 Mrd. Euro
PensionistInnen (19.600 Euro/Jahr): 19.600*1.472.808 =	28,9 Milliarden Euro
Gesamtfinanzierungsaufwand Grundeinkommen:	**102,7 Milliarden Euro**

Gekürzt nach Attac Österreich http://www.ksoe.at/grundeinkommen/images/ge_visionattac_fema.pdf

Ist genug für alle da?

GrundeinkommensbefürworterInnen argumentieren, dass unsere Gesellschaften heute weltweit reich genug sind, um allen ein auskömmliches Leben zu ermöglichen. Dagegen gibt es aus zwei Richtungen Zweifel.

Voraussetzung für den großen Reichtum ist eine sehr weit entwickelte gesellschaftliche Arbeitsteilung. Diese führt bisher gleichzeitig zu einem unermesslichen Raubbau an der Natur. Wenn dieser beendet wird, wenn der schrankenlose Wachstumsprozess umgekehrt wird, sinkt dann nicht wieder die Produktivität? Ist dann noch ausreichend Muße möglich oder muss nicht jedeR wieder den Lebensunterhalt mit der eigenen Hände Arbeit verdienen?
Niemand weiß heute genau, welche Konsequenzen der ökologische Umbau für die Produktion des Reichtums haben wird. Sicher ist nur, dass dieser Umbau notwendig ist, und zwar ganz unabhängig von einem Grundeinkommen. Sicher ist auch, dass unsere heutige Wirtschaftsweise einerseits unermessliche Reichtümer einfach verschleudert und andererseits destruktive Technologien entwickelt hat, die für ein gutes Leben aller nicht nur überflüssig, sondern schädlich sind. Beides könnte man ändern.

Genau da setzt die umgekehrte Befürchtung an: Wäre eine Gesellschaft, die in die Produktion eingreift, noch eine freie? Wäre das nicht Kommunismus durch die Hintertür?
Wenn eine Gesellschaft gemeinsam entscheidet, welche Technologien, welche Produktionsverfahren sie anwenden will, dann kann das in sehr verschiedener Weise geschehen und in sehr verschiedene Richtungen wirken. Die politische Auseinandersetzung um die Richtung solcher Entscheidungen muss so oder so geführt werden, weil die Entscheidungen getroffen werden müssen. Daran ändert ein Grundeinkommen nichts. Es ist in einer kapitalistischen Gesellschaft so gut denkbar wie in einer sozialistischen und es hat AnhängerInnen in beiden Strömungen.

www.grundeinkommen-attac.de

Ökologische Grenzen

Die Behauptung, der gesellschaftliche Reichtum weltweit reiche aus, um allen Menschen ein gutes Leben zu ermöglichen, wird heute auf der Grundlage einer Weltwirtschaft aufgestellt, die sich bedenkenlos über ökologische Grenzen hinwegsetzt. Sie baut auf einem verschwenderischen Energiemodell auf, das erkennbar an seine Grenzen stößt. Wäre auch noch genug für alle da, wenn weltweit öklogisch produziert würde?

Zum Lesen

- *Andreas Exner, Christian Lauk, Konstantin Kulterer: Die Grenzen des Kapitalismus. Wie wir am Wachstum scheitern.* Ueberreuter Verlag, Wien 2008, 223 Seiten, ISBN 978-3-8000-7366-5, 19,95 €

Detailliert gehen die Autoren allen möglichen Vorschlägen nach, wie das Energiemodell der kapitalistischen Ökonomie fortgeschrieben oder auf mehr oder wenige „ökologische" Weise umgestellt werden könne. Wenn das Öl zu Ende geht, muss nicht nur eine völlig neue energetische, sondern auch eine neue stoffliche Basis der Produktion gefunden werden. Zusätzliche Energieeffizienz ist zwar nötig, aber alleine nicht ausreichend. Auch weitere Vorschläge zur Lösung des Energieproblems durch Biomasse, Windkraft und vor allem der Solarenergie sind in ihren Möglichkeiten zumindest mit heutiger Technologie ebenfalls begrenzt und endlich. Das Buch kommt zu einem irritierenden Schluss, der uns auffordert, uns an der eigenen Nase zu packen, und sagt, wir sollten „anfangen aufzuhören": „Aufhören und aufhorchen, geben und aufgeben, auflösen, loslassen – das sind Leitbegriffe für eine neue Gesellschaft diesseits von Wirtschaft und Wachstum."

- *Werner Rätz, Tanja von Egan-Krieger (Hg.): Ausgewachsen! Ökologische Gerechtigkeit. Soziale Rechte. Gutes Leben.* VSA-Verlag, Hamburg 2011, 192 Seiten, ISBN 978-3-89965-430-1, 15,80 €

Sammelband mit verschiedenen Texten zur Analyse der Wachstumskräfte im Kapitalismus, zum immer wieder behaupteten Widerspruch zwischen sozialer und ökologischer Frage und zu emanzipatorischen Alternativen am Ende des Wachstums

Im Internet

- http://degrowthpedia.org

Webseite der degrowth/décroissance-Bewegungen in Europa

- http://wachstumsruecknahme.qsdf.org/index.html

Deutschsprachige décroissance-Seite

- http://www.oekosozialismus.net/_

Webseite der Initiative Ökosozialismus mit vielen (oft sehr streitbaren) Debattenbeiträgen

- http://www.wupperinst.org/

Webseite des Wuppertal Instituts für Klima, Umwelt, Energie

Energiewende zwischen infantilen Phantasien und Ernüchterung

Das Ende des fossilen Zeitalters ist inzwischen endgültig eingeläutet. Der „Peak" der Erdölförderung dürfte inzwischen erreicht worden sein. Dass das Wegbrechen der fossilen Energiebasis die Grundfesten unserer Industriegesellschaften insgesamt erschüttern könnte – über diese Konsequenz versucht man sich krampfhaft hinwegzutäuschen. Die Illusionisten bestimmen heute immer noch den geistigen Mainstream. Ihr Credo ist das der technischen Beherrschbarkeit, der Wohlstandssicherung und -vermehrung mit intelligenteren Mitteln. Die heute im öffentlichen alternativen „Energiediskurs" maßgebenden Hofpropheten, angefangen bei E.U. von Weizsäcker bis Hermann Scheer und Franz Alt, reden uns seit Jahren ein, dass die nötigen Reduktionsziele (bis zum Jahr 2050 etwa eine Reduktion des CO_2-Ausstoßes in den OECD-Ländern um 90 Prozent) ohne Wohlstandseinbußen, ja sogar noch mit erheblichen Wohlstandsgewinnen, erreichbar seien – durch mehr Energieeffizienz und durch den Einsatz erneuerbarer Energien.

Die gedanklichen Kapriolen, die man schlägt, um der schlichten Einsicht zu entgehen, dass unser Wohlstandsniveau drastisch abgesenkt werden muss, sind abenteuerlich. Die ach so verheißungsvolle Effizienzrevolution hat Fred Luks mit einer einfachen Rechnung ad absurdum geführt: Wenn der Ressourcenverbrauch in den Industrienationen bis 2050 um einen Faktor 10 sinken soll und wenn man gleichzeitig ein bescheidenes Wirtschaftswachstum von 2 Prozent jährlich unterstellt, dann müsste die Ressourcenproduktivität um den Faktor 27 wachsen! Ein Wirtschaftswachstum von 3 Prozent setzt bereits eine 43-fache Energie- und Ressourceneffizienz voraus. Effizienzsteigerungen sind schlicht dem Gesetz des sinkenden Ertrags unterworfen, das heißt, je mehr Effizienzpotenziale bereits ausgeschöpft sind, um so aufwändiger wird es, weitere Effizienzsteigerungen zu erzielen. Die genaueste Studie weltweit dazu ist wohl die von Lightfood und Green. Sie schätzen das weltweite Effizienzpotenzial vom Bezugsjahr 1990 aus gerechnet bis zum Ende unseres Jahrhunderts (also bis 2100!) weltweit auf 250 bis 330 Prozent.

Die intellektuelle Redlichkeit wird dabei schamlos einem Pragmatismus der politischen Durchsetzbarkeit geopfert. Anstelle einer ehrlichen Bestandsaufnahme dessen, was mit welchen Mitteln zu welchem Preis wirklich erreichbar ist, werden alle Überlegungen der Frage untergeordnet, was man dem europäischen Wohlstandspublikum zumuten darf. Ernst Ulrich von Weizsäcker spricht offen aus, worum es geht: „Europäern, Amerikanern und Japanern zu empfehlen, sich in Sack und Asche zu kleiden und auf Wohlstand und Fortschritt zu verzichten, ist eine zum Scheitern verurteilte Strategie. Also sollte die neue Wirtschaftsweise den Charakter eines ‚neuen Wohlstandsmodells' haben, um politisch durchsetzbar zu sein." (1992, 12) Weltweit nimmt eine kleine Elite für sich in Anspruch, die immer knapper werdenden Ressourcen auch noch für den letzten Teil ihrer Wohlstandsparty einzusetzen.

Gekürzt aus Bruno Kern: „Die Wahrheit ist dem Menschen zumutbar" (Ingeborg Bachmann), http://www.oekosozialismus.net/wahrheit.htm

Exkurs

Wachstumskritik und Grundeinkommen

Wir denken das bedingungslose Grundeinkommen als Teil öffentlicher Daseinsvorsorge in einer bedarfsorientierten Ökonomie. Es geht darum, dass den Menschen die notwendigen Güter und Dienstleistungen verfügbar sind. Das wird in sehr vielen Fällen in unserer heutigen Gesellschaft nur möglich sein, wenn ein Einkommen zur Verfügung steht. Aber einiges wird auch als öffentliche Infrastruktur für die BenutzerInnen kostenlos angeboten werden können (siehe Tafel 14). Und das betrifft nicht nur öffentlichen Nahverkehr, Bildung, Verkehrswege und Versorgungsleitungen. Man könnte die gesamte Mobilität als Infrastruktur organisieren, das Wohnen von der Planung über den Bau bis zur Verwaltung ebenfalls, die Kommunikation, Energieversorgung und vieles mehr. Was gesellschaftlich finanziert zur Verfügung steht, braucht nicht eingekauft zu werden. Damit reduziert sich die notwendige Einkommenshöhe. Gesellschaftlich organisierte Infrastruktur wird ressourcen- und energieschonender errichtet als das Warenangebot auf dem Markt: Der öffentliche Nahverkehr ist ökologisch dem Privatauto weit überlegen.

In einem solchen System öffentlicher Güter verlieren viele Dinge die spezielle Eigenschaft sogenannter positioneller Güter. Vieles wird gekauft oder gemacht, weil andere es kaufen und machen, weil man dazugehören will oder muss. Vieles wird auch gekauft oder gemacht, weil andere es sich nicht leisten können, weil man sich unterscheiden, herausheben will, zeigen, wer man ist. All das ist nicht möglich mit Gütern und Dienstleistungen, die allen kostenlos zur Verfügung stehen. Die Herstellung von weitgehender materieller Gleichheit (siehe Tafel 15) würde einen wesentlichen Teil des Konsums unterbinden, der lediglich dem Prestige gilt, und wäre damit eine Kernforderung auf dem Weg in eine Gesellschaft, die Stoff- und Energieverbrauch reduziert.

Ein bedingungsloses Grundeinkommen könnte ein zentrales Element auf einem solchen Weg sein. Es würde darüber hinaus nicht nur Armut verhindern und gesellschaftliche Teilhabe sichern und wäre allein schon deshalb eine menschenrechtlich unverzichtbare Maßnahme. Je nach Ausgestaltung und Finanzierungsmodalitäten trüge es auch zur Reduzierung ökologisch schädlicher Abläufe bei. Zwar würde ein hohes, also tatsächlich finanzielle Umverteilung organisierendes Grundeinkommen seinen Begünstigten einen erhöhten Konsum ermöglichen. Das könnte auch nicht etwa mittels einer Finanzierung durch Ökosteuern kompensiert werden. Um nämlich eine große Umverteilung zu gewährleisten, müssten die Steuern ein hohes Aufkommen erbringen, dann aber haben sie keine ökologische Steuerungswirkung mehr.

Allerdings bedeutet Umverteilung ja, dass die Mittel woanders hergenommen werden. Sie können letztlich nur von denen kommen, die jetzt über sie verfügen, also den BezieherInnen hoher Einkommen und den BesitzerInnen großer Vermögen. Die nutzen ihr Geld nur zu einem mehr oder weniger geringen Teil für ihren eigenen Konsum, sie investieren es vielmehr weitgehend in irgendwelche Geschäfte. Das bedingungslose Grundeinkommen wäre also eine Verschiebung von Geld aus dem gesellschaftlichen Investitions- in den Konsumfonds. Der Wachstumswirksamkeit in letzterem steht die Wachstumsminderung in ersterem gegenüber. Wenn man bedenkt, dass Investitionsentscheidungen im Kapitalismus ausschließlich zum Zweck des Wachstums fallen – aus Geld muss mehr Geld werden, sonst investiert niemand –, dann ist absehbar, dass der Schrumpfungs- den Wachstumseffekt deutlich überwiegen wird. Das wird nochmals dadurch verstärkt, dass Investitionsgelder erheblich rascher umschlagen als Konsumgelder. Während die zusätzlichen Lebensmittel oder Urlaubsausgaben der GrundeinkommensbezieherInnen zurück zu den VerkäuferInnen fließen und die sie in erneute Produktion stecken, haben die InvestorInnen in der Regel schon mehrere Geschäfte mit ihrem Kapital getätigt.

Diese wachstumsmindernde Wirkung des BGE ist umso größer, je höher es ist. Die Attac-*AG genug für alle* hat schon vor Jahren den Vorschlag entwickelt, ein BGE als Teil einer umfassenden BürgerInnenversicherung zu organisieren. In ihr würden Gesetzliche Krankenversicherung (inklusive Pflege), Gesetzliche Rentenversicherung und das Grundeinkommen zusammengefasst. Die Finanzierung sollte im Umlagesystem erfolgten, indem jeder Euro Einkommen, den Personen in Deutschland erzielen, zur Beitragsberechnung herangezogen wird. Dabei spielt weder die Art des Einkommens (Lohn oder Gehalt, Honorare, Kapitaleinkommen, Mieten etc.) eine Rolle noch ihre Höhe. Bestehende Beitragsbemessungs- und Pflichtversicherungsgrenzen würden abgeschafft, eine Versicherungspflicht für alle Personen eingeführt. Eine solche Finanzierung würde eine deutliche Umverteilung von den hohen zu den niedrigen Einkommen zur Folge haben. Dazu käme eine weitere starke Umverteilung von den Gewinnen zu den Einkommen, indem die Hälfte der Kosten beider Systeme von den ArbeitgeberInnen aufgebracht („paritätische Finanzierung") werden sollte. Sie würden entsprechend der in Deutschland erzielten Bruttowertschöpfung auf alle hier tätigen Unternehmen umgelegt, auch wenn ihr Firmensitz sich im Ausland befindet. In einer solchen BürgerInnenversicherung wäre je nach konkreter Ausstattung etwa die Hälfte des bishergen BIP gebunden und den Kapitalkreisläufen entzogen.

In dieser Perspektive kommen ökologische, soziale, finanzmarktkritische und auf freie Tätigkeit orientierte Wirkungen zusammen und wir befinden uns in einem Schnittpunkt aller Dimensionen globalisierungskritischen Engagements. Zentral dafür ist das bedingungslose Grundeinkommen.

Mehr Informationen

- http://www.nadir.org/nadir/periodika/contraste/april_2011.htm
Schwerpunkt der „Monatszeitung für Selbstorganisation" über „Jenseits des Wachstums"

Was bewirkt ein bedingungsloses Grundeinkommen?

Weil die einzelnen Produktionseinheiten, also Betriebe und Unternehmen, im Kapitalismus in Konkurrenz zueinander stehen, ergibt sich für jede von ihnen ein faktischer Zwang, durchschnittliche Kostenstrukturen nicht zu über- und durchschnittliche Gewinnraten nicht zu unterschreiten. Wer das nicht einhalten kann, läuft Gefahr, vom Markt zu verschwinden. Solange die Konkurrenz in wachsenden Märkten stattfindet, gibt es in bestimmtem Umfang Ausweichmöglichkeiten. In den letzten Jahrzehnten sind die Wachstumsraten kleiner und die Produktivitätsfortschritte größer geworden, so dass Konkurrenz sehr weitgehend Verdrängungswettbewerb ist.

Diese Entwicklung hat viele Ursachen, neben der Elektronifizierung der Produktion spielt ein spezieller Effekt des traditionellen Sozialstaates (siehe dazu Exkurs 3) eine besondere Rolle. Der unausgesprochene Tauschhandel zwischen Kapital- und Arbeitskraftbesitzerlnnen sah so aus, dass soziale und materielle Teilhabe gegen fleißiges und ruhiges Arbeiten gegeben wurde. Die innere Rationalität dieses Deals ergab sich für die Kapitalseite daraus, dass so die Produktivität schneller steigen konnte als im Fall einer aufsässigen Arbeiterlnnenschaft. Dieser Produktivitätsfortschritt machte Arbeitskraft frei, die während der fordistischen Phase zuerst weitgehend dafür eingesetzt wurde, mehr Produkte für ungesättigte oder neu geschaffene Märkte herzustellen. Nach und nach aber trat ein Zustand ein, in dem die Produktivität systematisch und kontinuierlich schneller wuchs als die Märkte. Damit sanken die Gewinne und Arbeitskräfte mussten in die „Freizeit", also in Arbeitslosigkeit freigesetzt werden.

Grundsätzlich hätten sie auch in bezahlte Freizeit freigesetzt werden können, also in kürzere Arbeitszeit, und das geschah auch teilweise. Aber es hätte der Rationalität des Systems widersprochen, das in vollem Umfang zu tun. Die Leute sollten ja in kürzerer Zeit mehr produzieren, damit die Gewinne schneller stiegen als bei der Konkurrenz. Dass sie von diesem Zusatzgewinn etwas abbekämen, war Gegenstand des Sozialstaatsversprechens. Hätte man ihnen das alles zukommen lassen, hätte das Ganze für die Unternehmerseite schon rein finanziell keinen Sinn ergeben.

Es wäre damit aber auch eine gefährliche Entwicklung in Gang gesetzt worden: Die Menschen hätten aus eigenem Erleben wahrgenommen, dass der Reichtum in der Gesellschaft mit immer weniger Arbeit herstellbar ist. Bei kürzerer Arbeitszeit wäre nicht nur der allgemeine Reichtum gleich geblieben – den kann ich ja nicht unmittelbar sehen, auch wenn er mich in Form von Sozialsystemen, Infrastruktur etc. durchaus betrifft. Auch mein eigener Lebensstandard hätte nicht abgenommen. Die Lust und Bereitschaft zu unsinnigen, schweren, gefährlichen, entwürdigenden Arbeiten hätten ab-, das Selbstbewusstsein und die Aufsässigkeit der Arbeitenden hätten zugenommen. Wenn also die Integration in das sozialstaatliche Versprechen in einer halbwegs produktiven Ökonomie erfolgreich ist, dann kann am Ende nur dabei herauskommen, dass diese Integration widerrufen werden muss. Deshalb ist es durchaus konsequent, dass der fordistische Klassenkompromiss im neoliberalen Umbau landet.

Wenn Sozialstaatlichkeit gelingt, das heißt, wenn Klassenkämpfe vermieden werden und eine beschleunigte Steigerung der Produktivität stattfindet, wird unvermeidlich Arbeitskraft frei. Das kann Arbeits- und Einkommenslosigkeit bedeuten wie heutzutage überall auf der Welt. Dann sind verschärfte Repression, Ausbau von Sicherheitsapparaten und andere Maßnahmen gegen Überlebensstrategien ohne Arbeit unvermeidbar. Kein Staat kann hinnehmen, dass einige erfolgreich vorleben, wie man ohne Arbeit gut leben kann, wenn er gleichzeitig durchsetzen will, dass andere für miese Bezahlung Scheißarbeit machen. Wer weiterhin daran festhält, dass Menschen vor allem arbeiten sollen, obwohl es offenbar keine Notwendigkeit dafür gibt, um den gesellschaftlichen Reichtum zu schaffen, landet unvermeidlich bei Arbeitszwang, Billiglohn, Sozialkahlschlag.

Es waren SozialdemokratInnen, historisch ebenso eng mit der Erwerbsarbeit wie mit dem Sozialstaat verbunden, die diesem den Todesstoß versetzten. Es ist in sich stimmig, statt Arbeitsplätze zu schaffen, die Arbeitslosen als „Faulenzer" zu beschimpfen. Wozu sollten Arbeitsplätze denn dienen? Was sollte dort hergestellt, welche Dienstleistung angeboten werden, die sich am Markt verkaufen ließe? Was verkaufbar ist, wird ohnehin angeboten. Die Abschaffung der Arbeitslosen statt der Arbeitslosigkeit ist systemrational. Im Sinne einer Marktlogik sind die Arbeitslosen weltweit tatsächlich zu nichts nütze. Sie sind zum Erzielen von Gewinnen überflüssig. „Überbevölkerung" bekommt hier global einen besonderen, drohenden Beiklang.

Eben weil genug für alle da ist, kann das im Kapitalismus nur bedeuten, dass wenige zu viel, viele nicht genug und einige gar nichts bekommen. Die Alternative kann nur sein, die beschriebene Entwicklung zur Kenntnis zu nehmen und von ihr ausgehend etwas vollständig Neues zu entwickeln. Das bedeutet einen radikalen und bedingungslosen Bruch mit der bisherigen Arbeitsvergesellschaftung (siehe dazu Exkurs 2). Der Zugang zum gesellschaftlichen Reichtum, zum gesellschaftlichen Leben darf in keiner Weise mehr vom Arbeitszwang abhängen. Weil der Reichtum mit immer weniger Arbeitszeit herstellbar ist, kann sich das Motiv ändern, auf das eine Gesellschaft setzen würde, damit Menschen arbeiten.

Im alten Sozialstaat war das Motiv Teilhabe, heute ist es zunehmend purer Zwang, dann wäre es Lust auf die Auseinandersetzung mit Umwelt und Gesellschaft. Immer schon haben Menschen viele Dinge getan, ohne Geld dafür zu bekommen, weil sie ihnen sinnvoll, angenehm oder nötig erschienen: Kunst, Kindererziehung, Weitergabe von Wissen, Begreifen der Welt, Sorge für andere, Ausbildung eigener Fähigkeiten, Politik, Sternegucken, Ertrinkende aus dem Wasser retten. Man könnte sich zum Beispiel nur einmal vorstellen, was geschähe, wenn ErfinderInnen einfach so, nur weil sie etwas erfinden wollten, ein ausreichendes Einkommen bekämen und das nicht über die Vermarktung ihrer Erfindungen erzielen müssten. Wie bisher würden die Leute Unnützes und Sinnvolles erfinden. Aber sie brauchten keine Patentämter und Gerichte mehr zu beschäftigen. Brauchbares fände sicher auch weiterhin den Weg zur Anwendung. Niemand könnte mit Patentgebühren abgeschreckt, mit Patentaufkauf ausgebremst werden. Verbreitung von und Zugriff auf gute Ideen würde einfacher, Kreativität und Spaß an der Arbeit und dem Ausprobieren von Ideen könnten sich entfalten. Es gibt keinen Grund zu der Annahme, dass die Produktivität der in einer solchen Gesellschaft angewandten Arbeit sinken würde.

Grundeinkommen:
Es ermöglicht vielfälltige Tätigkeiten

Der Vorschlag eines bedingungslosen Grundeinkommens wird oft so verstanden, dass damit den Auswirkungen von Erwerbslosigkeit und materieller Armut entgegengewirkt werden soll. So richtig das ist, so eindeutig beschränken sich die Wirkungen eines Grundeinkommens nicht darauf.

Die erste und wichtigste Folge eines Grundeinkommens würde sein, dass viele Menschen endlich das tun könnten, was sie immer schon tun wollten.

Die Malerin, die mit ihrem Bilderverkauf nur ein paar Hundert Euro verdient, kann sich jetzt ihrem Talent widmen.

Der Bankangestellte, der eine spannende Idee für einen Roman hat, kann sich jetzt das Jahr unbezahlten Sonderurlaub leisten, das er dafür braucht.

Der Handwerksmeister, der mit seiner Arbeit gerade so viel einnimmt, dass es zum täglichen Leben reicht, nicht aber zur Alterssicherung und für eine gute Ausbildung seiner Kinder, muss jetzt nicht mehr umschulen.

Die Grundstücksmaklerin, die mit Leib und Seele an ihrem Fußballverein hängt, kann nun ihre Erwerbsarbeit auf halbtags reduzieren, um dem Club ehrenamtlich die Buchhaltung zu machen.

www.grundeinkommen-attac.de

Tätigkeitsgesellschaft

Die Konzentration von Einkommens- und Statusansprüchen auf die Erwerbsarbeit wird vielfach kritisiert. Diese Kritik steht nicht im Widerspruch dazu, eine bessere Integration von Frauen in die Erwerbsarbeit und ihre gerechte Entlohnung in dieser zu fordern (siehe dazu auch Tafel 22), und nicht immer folgt daraus die Forderung nach einem bedingungslosen Grundeinkommen. Gemeinsam ist der Kritik allerdings die Überzeugung, dass alle Formen menschlicher Tätigkeit bedeutsam sind und gleichermaßen Anerkennung finden müssen.

Zum Lesen

■ *Götz Werner, Adrienne Goehler: 1000 Euro für jeden. Freiheit. Gleichheit. Grundeinkommen.* Econ Verlag, Berlin 2010, 265 Seiten, ISBN 978-3-43020 108-7, 18,00 €
Nicht nur die Idee wird erneut vorgestellt, sondern die beiden bekannten ProtagonistInnen eines bedingungslosen Grundeinkommens liefern auch einen Durchgang durch die Geschichte und einen Ausblick in die Perspektive der Erwerbsarbeit. Sie verstehen ein BGE zuallererst als Ermöglichung selbstbestimmter Tätigkeit.

■ *Netzwerke Grundeinkommen Deutschland und Österreich: In Freiheit tätig sein.* Avinus Verlag, Wien 2006, 296 Seiten, ISBN 978-3-930 064 73-1, 20,00 €
Die Beiträge des ersten deutschsprachigen Grundeinkommenskongresses vom Oktober 2005 in Wien decken ein breites Spektrum an Themen ab.

Im Internet

■ www.gutearbeit.at
Kampagnenseite der Katholischen Arbeitnehmer/innen Bewegung Österreichs und der Betriebsseelsorge zum Thema Tätigkeitsgesellschaft

■ http://www.sozialimpulse.de/
Webseite der „Initiative Netzwerk Dreigliederung". Im anthroposophischen Denken spielt die dreifache Dimension menschlicher Tätigkeit in Kultur, Produktion und Politik eine zentrale Rolle.

■ http://www.vier-in-einem.de/
Frigga Haug betont in der Vier-in-einem-Perspektive die Notwendigkeit menschlicher Tätigkeit in der Produktion, der Pflege- und Sorgearbeit, der Tätigkeit für sich selbst und der Gestaltung von Gesellschaft.

■ www.dgb-index-gute-arbeit.de/gute_arbeit
Webseite der DGB-Kampagne Gute Arbeit

Die „Triade der Arbeit"

Wenn Arbeit mehr ist als Erwerbsarbeit, dann muss eine sich in Veränderung befindliche „Arbeitsgesellschaft" andere Formen der Arbeit anregen und ausbauen. „Es geht dabei gleichermaßen um die ‚Befreiung in der Arbeit' und eine ‚Befreiung von der Erwerbsarbeit' in den derzeit vorherrschenden Strukturen und Abhängigkeiten", fordert die KAB in Deutschland. Und im neuen Grundsatzprogramm der KAB-Österreich steht: „Nicht zuletzt reicht der Begriff Arbeit weit über die reine Erwerbsarbeit hinaus und so bilden besonders die gesellschaftlich unverzichtbaren Bereiche unbezahlter Arbeit z.B. Hausarbeit, Kinderbetreuung, Pflege von Angehörigen – aber auch ehrenamtliche Tätigkeit – wichtige Bestandteile."

Mit der „Triade der Arbeit" sind folgende Bereiche angesprochen:

- Die gesellschaftsbezogene Erwerbsarbeit entspricht der Solidarität: Arbeit als Wahrnehmen einer notwendigen Aufgabe in der Gesellschaft (Beruf).
- Die personenbezogene Eigenarbeit entspricht der Personalität: Diese Arbeit zielt nicht auf Gelderwerb, sondern ist Nutzen für sich und das persönliche Umfeld (Familie).
- Die gemeinschaftsbezogene Öffentlichkeitsarbeit entspricht der Subsidiarität: Diese – oft ehrenamtliche – Arbeit erledigt nützliche und notwendige Aufgaben für das gesellschaftliche und soziale Zusammenleben (Vereine).

Alle drei Bereiche dieser „Triade der Arbeit" tragen wesentlich zur gesamtgesellschaftlichen Wertschöpfung bei. Umso wichtiger erscheint, einerseits allen drei Bereichen die gleichwertige gesellschaftliche Anerkennung zukommen zu lassen, andererseits die Durchlässigkeit zwischen den Bereichen zu erhöhen. Da derzeit der weit überwiegende Teil unbezahlter Arbeit von Frauen geleistet wird, ist eine gerechtere Aufteilung der Arbeitsbereiche vorrangig. Dies bedeutet sowohl eine Ablösung der einseitigen Abhängigkeit zugunsten des Berufs bzw. der Familie als auch ein Gegenmodell zur „vaterlosen Gesellschaft". So würde nicht nur die Wirtschaft von einem höheren Anteil an Frauen – auch in höheren und leitenden Positionen – profitieren, sondern auch Männer würden aus dem „Vater-Sein" für sich und ihre Kinder bleibende Bereicherung für ihr Leben erfahren.

Die Zukunftsperspektive einer Tätigkeitsgesellschaft beinhaltet gleichberechtigte Teilhabe aller Menschen an allen drei Formen gesellschaftlich unverzichtbarer Arbeit. Damit verbunden ist eine gerechte Verteilung der Arbeitsformen zwischen Frauen und Männern. Ziel muss es sein, die Erwerbsarbeit so zu verändern, dass eine Vereinbarkeit von Leben und Arbeiten möglich wird. Dazu müssen Instrumente der EU zur Durchsetzung von Chancengleichheit konsequent angewandt und weiterentwickelt werden, wie etwa das Prinzip des „Gender Mainstreaming", der Chancengleichheitsgrundsatz im Vertrag von Amsterdam, beschäftigungspolitische Leitlinien, aber auch der flächendeckende Ausbau vielfältiger Formen der Kinderbetreuung.

Wenn Arbeit gerechter verteilt werden soll, kann und darf Existenzsicherung nicht mehr allein auf der Erwerbsarbeit aufbauen. Dazu sind Konzepte zu entwickeln und einzuführen, welche die unterschiedlichen Formen von Existenz- und sozialer Sicherung aus Arbeit, sozialen Sicherungssystemen und Grundsicherung in unterschiedlichen Lebensphasen miteinander verbinden. Daneben bildet die gerechte Bewertung und Entlohnung der Erwerbsarbeit von Frauen einen unverzichtbaren Bestandteil. Nicht zuletzt müssen alle Formen gesellschaftlich notwendiger Arbeit in Altersicherungssystemen Berücksichtung finden.

Gekürzt aus Andreas Gjecaj: Kann denn Arbeit Sünde sein. www.gutearbeit.at

Exkurs

Schaffung von Allgemeingütern durch Aneignung des zum Leben Benötigten?

Lange Zeit schienen Allgemeingüter in der ökonomischen Debatte so erledigt wie ihre deutsche Bezeichnung „Allmende" sprachlich antiquiert. Beides erlebt inzwischen eine rasante Wiederbelebung.

Vor vier Jahrzehnten sprach Garrett Hardin erstmals von der „Tragödie der Gemeingüter" und der erwachende neoliberale Zeitgeist schloss sich dem an. Sein Hinweis, dass ungeregelte Nutzungsrechte und fehlende Wartungspflichten zu einer Übernutzung von Ressourcen führen können, ist für nicht mit Eigentums- oder Besitzrechten belegte Ressourcen wie etwa saubere Luft durchaus richtig. Auf viele Allgemeingüter trifft er nicht zu, weil immer dort, wo sie in ein wie auch immer geartetes Rechtssystem eingebettet sind, Rechte und Pflichten geregelt sind. Wo dies geschieht, haben Allgemeingüter, meist mit dem englischen Begriff Commons bezeichnet, durchaus oft das Potenzial, den Aufbau gemeinschaftlicher Alternativen zum Bestehenden zu ermöglichen. Das bedingungslose Grundeinkommen kann dabei eine Forderung sein, die eine solche Bewegung verbindet (Silke Helfrich, siehe Tafel 2).

Aber es gibt Einschränkungen. Längst nicht alles, wofür Nutzung und Erhaltung durch mehrere Personen verabredet ist, ist deshalb notwendig ein Allgemeingut. Allgemeingüter stehen immer nur denen zur Verfügung, die zur jeweiligen Gemeinschaft gehören, das kann für andere Bedürftige durchaus bittere Ausschlüsse bedeuten (siehe Tafel 5). Und manchmal können Kämpfe und Praxen eigenmächtiger Aneignung erforderlich sein, um zu den benötigten Gütern zu gelangen. An zwei Beispielen soll im Folgenden erläutert werden, wie daraus Allgemeingüter entstehen können und welche Schwierigkeiten es dabei gibt.

Eine vor allem im Süden sehr weit verbreitete Form von Aneignung betrifft das Land. Dabei muss man zwei große Nutzungsarten unterscheiden: Besetzt wird Land zum Wohnen oder zum Bebauen. In den Megacities der Welt lebt eine immer größere Zahl von Menschen auf Land, das ohne gesetzliche Grundlage angeeignet wurde. Bei all ihrer konkreten Unterschiedlichkeit haben diese Städte eines gemeinsam: Selbst dort, wo es am guten Willen der Stadtregierungen nicht mangelt (was selten genug der Fall ist), sind sie nicht in der Lage, der andrängenden Zahl von Menschen auch nur annähernd das an Bauland und Infrastruktur anzubieten, was diese dringend benötigen. Die Riesenstädte wachsen in einem atemberaubenden Tempo, so dass den Menschen gar keine Alternative dazu bleibt, als sich das, was ganz und gar unverzichtbar ist zum Leben, einfach zu nehmen, wenn es denn erreichbar ist. Das betrifft nicht nur das Land selbst, sondern auch Strom oder Wasser, die aus öffentlichen Leitungssystemen illegal abgezapft werden – oder auch schon mal organisiert angeeignet, wenn etwa in Buenos Aires in großen Mietshäusern immer nur eine Partei die Rechnung bezahlt, weil die Wasserfirma dann den Hausanschluss nicht abstellen darf, weil ja ein(e) legale(r) BezieherIn dort ist, auch wenn die anderen illegal sind. Darüber hinaus bauen die Beteiligten keine gemeinsamen Strukturen auf.

Ganz anders liegt der Fall bei der Besetzung von Land zum Zweck der landwirtschaftlichen Nutzung. Auch das ist eine sehr weitverbreitete Praxis, die aber wahrscheinlich nirgendwo auf der Welt derart gut organisiert und breit angewandt wird wie in Brasilien. Dort existiert mit der „Bewegung der ländlichen Arbeiter ohne Land" (MST) eine über 20 Jahre alte Organisation, deren Hauptpraxis in Landbesetzungen besteht. Sie will mit diesen Aktionen zum einen konkret für die beteiligten Familien Arbeits- und Lebensmöglichkeiten schaffen. Deshalb werden die Leute sehr gut ausgesucht, es wird Wert darauf gelegt, dass sie tatsächlich auf dem Land leben und produzieren wollen. Die Menschen werden intensiv geschult, und zwar nicht nur was die Durchführung der Aktion selbst angeht. Es werden auch moderne Anbaumethoden, Betriebsorganisation und Ähnliches unterrichtet, es wird darauf geachtet, dass Verwaltungs- und Finanzierungsaufgaben erfüllt werden können. Jede Besetzung beginnt sofort mit der produktiven Tätigkeit, es wird die Infrastruktur für die Reproduktion (Häuser oder besser Hütten, Küchen etc.) ebenso aufgebaut wie das Land bearbeitet und erste Früchte angebaut. Der Vorbereitungsprozess dauert manchmal mehrere Jahre.

Hier geht es also um den Aufbau von Allgemeingütern. Vom ersten Tag an soll sichtbar sein, dass Leute gekommen sind, die hier wohnen, arbeiten und leben wollen. Deshalb legt die MST auch sehr großen Wert darauf, das Land für eine Besetzung sehr genau auszusuchen. Oft handelt es sich um Parzellen, die schon lange umkämpft oder deren Besitzverhältnisse umstritten sind. Immer wird darauf geachtet, dass es sich um Land handelt, das grundsätzlich den gesetzlichen Bestimmungen über die Agrarreform unterliegt. Das gilt für Landbesitz, der gewisse Größen überschreitet und nicht wirtschaftlich genutzt wird.

Und genau darauf richtet sich das zweite Ziel, das die MST mit den Besetzungen verfolgt, sie will ihrer politischen Forderung nach einer umfassenden Agrarreform Nachdruck verleihen. Der MST ist klar, dass es sich bei ihren Aktionen um Nothilfe und nicht um gesellschaftliche Regulierungen handelt. Sie beansprucht ein grundsätzliches Recht darauf, dass die Leute arbeiten und davon überleben können. Und dieses Recht fordert sie gesellschaftlich ein. Die Landbesetzungen sind in diesem Fall ein Druckmittel zur Durchsetzung einer politischen Forderung nach gesellschaftlicher Regulierung. Man greift dazu, weil es nötig ist, nicht weil man glaubt, durch Eigenaktion erfolgreicher zu sein.

Mehr Informationen

- http://www.woz.ch/dossier/glueck.html
Die Wochenzeitung (WOZ) Zürich hat viele Beispiele Solidarischer Ökonomie beschrieben.
- http://www.reproduktionsgenossenschaften.de_
Webseite von Wolfgang Fabricius (Attac Berlin) mit umfanreichem Material zur Genossenschaftsbewegung
- http://www.siefkes.net
Zweisprachige Webseite von Christian Siefkes zu Peer Produktion, Allgemeingütern und Solidarischer Ökonomie

Grundeinkommen:
Es verändert die Arbeitswelt

Auch innerhalb der Erwerbsarbeit verändert ein Grundeinkommen die Abläufe. Große technisch mögliche Rationalisierungspotenziale werden bisher nicht umgesetzt. Das liegt ebenso daran, dass Arbeitsplätze verteidigt werden, wie daran, dass Menschen durch das Hartz-Regime dazu gezwungen sind, alle noch so unangenehmen und schlecht bezahlten Tätigkeiten zu akzeptieren. Mit einem Grundeinkommen könnten viele unangenehme, schwere, gesundheitsschädliche Jobs sehr viel leichter von Maschinen übernommen werden. Wenn die Menschen es sich leisten können, zu nicht attraktiven Arbeitsangeboten nein zu sagen, dann müssen Arbeitsplätze interessanter, vielfältiger, anspruchsvoller werden oder besser bezahlt.

Zufriedenheit der Beschäftigten am Arbeitsplatz

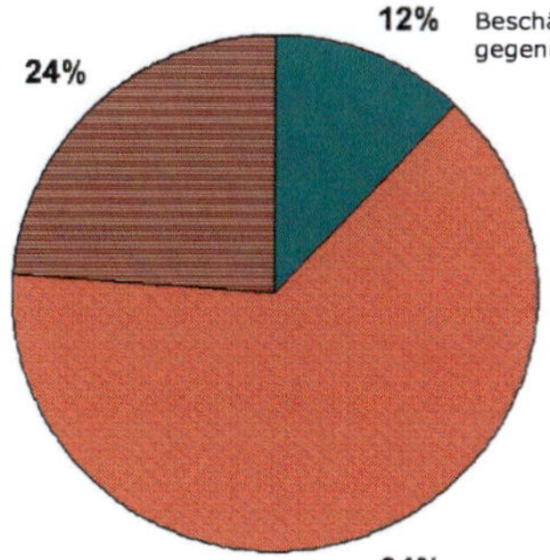

Quelle: IFAK, Markt und Sozialforschung. Erste Ergebnisse des IFAK Arbeitsklima-Barometers 2008

Das hat dann auch Folgen auf Seiten der Beschäftigten. Wer einen Arbeitsplatz hat, an dem er oder sie zeigen kann, was in ihr oder ihm steckt, wird die Tätigkeit mit mehr Freude, mehr Kraft und Kreativität angehen. Im Ergebnis steigt nicht nur die Zufriedenheit der Beschäftigten, sondern auch die Produktivität ihrer Arbeit.

www.grundeinkommen-attac.de

Neue Arbeit

Die Forderung nach einem Recht auf (Erwerbs-)Arbeit wird in Gewerkschaften häufig gestellt und tritt in der Regel gemeinsam mit derjenigen nach ihrer gerechteren Verteilung auf (siehe Tafel 16). Ihr gegenüber konzentriert sich die Idee der Tätigkeitsgesellschaft auf die Gleichberechtigung der unterschiedlichen menschlichen Tätigkeiten. Eine mehrfach angedeutete dritte Position (siehe z.B. Tafel 2) zielt auf selbstbestimmte Arbeit zur Produktion von Gütern und Dienstleistungen, die aber nicht mehr notwendig als kapitalistisch bestimmte gedacht wird. Internationale Bekanntheit für einen solchen Ansatz hat Frithjof Bergmann erlangt. Im Gefolge seines Wirkens hat sich eine Bewegung mit Gruppen und Projekten entwickelt.

Zum Lesen

■ *Frithjof Bergmann: Neue Arbeit, neue Kultur.* Arbor Verlag, Freiamt 2004, 432 Seiten, ISBN 3-924195-96-X, 24,80 €

Der Titel dieses Buches stand Pate für die Selbstbezeichnung der erwähnten Bewegung in Europa (siehe Internettipp). Paradigmatisch für Bergmanns Denk-und Arbeitsansatz ist derjenige des Hörbuches von 2004 geworden: „Arbeit, die wir wirklich, wirklich wollen".

Unter dieser Losung startete ein erstes Projekt mit (ehemaligen) Beschäftigten der Automobilindustrie in Flint, dem damals größten Produktionsstandort von General Motors. Was hier noch Nothilfe war, ändert sich nach und nach hin zu der Idee, wie man auf dem modernsten Stand der Technik in kleinen Fabriken Produkte herstellt, „die auch auf dem Markt reüssieren" (Webseite nank, s.u.). „Die ideale Fabrik der Zukunft könnte eine Werkstatt sein, vielleicht sogar nur ein Schuppen oder eine Garage, in der eine einzige Maschine – die anpassungsfähiger und flexibler ist und die von einer weitaus fortschrittlicheren Software gesteuert wird, welche sehr viel mehr Informationen enthält – einen kompletten Satz verschiedener fertiger Teile eines Produkts erstellen wird." (S. 209)

Der schon erwähnte Fabber (siehe Tafel 2, Lesetipp Czorny) spielt die zentrale Rolle für „High-Tech-Eigen-Produktion als materielle Grundlage des Lebens" (S.317). Die zu stellende Frage ist: Was will ich wirklich, wirklich tun? Bergmann beschreibt eindrucksvoll, wie die Menschen, mit denen er arbeitet, regelmäßig das Gegenteil gelernt hatten, nämlich die eigenen Wünsche zurückzuhalten, zu verdecken, ja zu vergessen, weil man sie im Arbeitsalltag ja doch nicht verwirklichen kann (S. 355). An dieser Stelle besteht die zentrale Überschneidung mit der Idee des Grundeinkommens.

Im Internet

■ http://www.newwork-newculture.net/
Zentrale Webseite für viele an Bergmann orientierte Projekte und Gruppen in Europa mit vielen Links, Positionspapieren, Berichten, Blog etc.

Sich selbst eine Arbeit geben

Auch in Sachen Arbeit gilt es einer menschenrechtlich demokratischen Logik eine sich erweiternde Gasse zu öffnen. Erwerbsfähigen und Erwerbswilligen werden unkonventionell Arbeitsplätze unterschiedlichen Typs angeboten. Diejenigen, die brachliegende Arbeit tun wollen, können sich selbst einen Arbeitsplatz entlang ihren Qualifikationen, Motivationen und Möglichkeiten suchen.

Bürgerinnen und Bürger bestimmen über ihre Erwerbstätigkeit in Inhalt und Form, nicht primär ein vermachtet unberechenbarer Markt und eine kafkaesk verstellte und verschiebende Bürokratie. Ein großes Spektrum von Arbeitschancen dehnt sich attraktiv. Diejenigen, die sich selbst eine Arbeit geben, arbeiten als Betreuer von Alten, von Schülern, von Behinderten und Kindern. Als StadtteilhelferIn, Fußball-Fanclub-BegleiterIn, RechercheurIn in Forschungsprojekten, fliegende Cafe-DienstleisterIn, MärchenerzählerIn für Kinder, Festivalhelfer, Ökologieassistenten, City-Cleaner, Lehrerassistenten, QuartiersmanagerIn und MusikassistentIn. Die neuen Arbeitnehmleute finden, erfinden, wählen und suchen ihre Arbeitsplätze. Sie haben die Wahl. Sie schließen einen Arbeitsvertrag über Teil- oder Vollzeitarbeit, der zunächst auf drei Jahre begrenzt ist. Vor Ablauf der Zeit ist von beiden Seiten neu zu verhandeln. Die Arbeitsverträge müssen einigen Minima entsprechen. Die Arbeit ist so zu entgelten, dass der Lohn der Arbeit erheblich über der Grundsicherung liegt. Die üblichen Entgeltdifferenzierungen zwischen herkömmlich verschiedenen Lohn- und Gehaltsgruppen sind allerdings nicht strikt einzuhalten. Darüber ist öffentlich zu diskutieren. Wie oben schon apostrophiert worden ist, ist das, was „leistungsgerecht" heißt und entsprechend unterschiedlich belohnt wird, neu zu bestimmen. Leuten, die darauf beharren, dass sie konventionell gestaffelt bezahlt werden, soll Genüge getan werden. Die Arbeit muss von denjenigen, die sie ausüben, mitbestimmt werden. Wechselseitige Verbindlichkeit und zuverlässige Absprachen sind vonnöten. Dieses Postulat gilt vor allem für die Dauer der Arbeit.

Der erste dreijährige Abschnitt ist – unbeschadet der Optionschancen der Arbeitenden – zeitlich so zu gliedern, dass rechtzeitig über das Ob und das Wie einer Vertragsverlängerung bzw. anderer Arbeitsmöglichkeiten befunden wird. Weitere Vertragsminima kommen hinzu: menschenwürdige Arbeitsbedingungen, Verbot von Diskriminierungen, Recht auf Aus- und Weiterbildung, Mindestlohnstandards im Sinne der Europäischen Menschenrechtscharta (1989).

Das Programm will arbeitslose oder schlecht beschäftigte Personen ermutigen, sich selbst etwas zu trauen, selbst nach Arbeit zu suchen und Neugier auf möglicherweise ungewohnte Tätigkeitsfelder zu entwickeln. Wenn diejenigen, die gesellschaftlich entlohnte Arbeit suchen, selbst aktiv werden – das ist unsere Annahme –, dann werden ihre erfolgreichen Beispiele andere mitziehen. Die Arbeitslosen, die sich jetzt Arbeit nehmen, motivieren und mobilisieren sich und andere. Das geschieht im Gegensatz zu den lähmenden und isolierenden Effekten der Arbeitslosigkeit bis heute. Nicht der Humbug von „Ich-AGs" und der stressreich zusammengesuchten Minijobs sind die Alternative, selbstbestimmte Arbeiten des aufrechten Gangs sind es.

Der Arbeitsvertrag wird zur Regelungsinstanz dieses Projekts. Werden sich – herkömmlich gesprochen – „Arbeitgeber" und „Arbeitnehmer" einig, dann ist der Arbeitsplatz gegeben.

Gekürzt aus: Peter Grottian, Wolf-Dieter Narr und Roland Roth: Alternativen zur „Repressanda 2010" http://www.berliner-arbeitslosenzentrum.de/download/grottian-narr-roth.pdf

Grundeinkommen:
Es verändert die geschlechtliche Arbeitsteilung

Alle sozialen Ansprüche waren im traditionellen Sozialstaat an Erwerbsarbeit gebunden. Wer selbst kein regelmäßiges Arbeitseinkommen hatte, war in einer benachteiligten Rolle. Das betraf meist Frauen, aber auch Behinderte, manche chronisch Kranken, Jugendliche und andere abhängige Gruppen.

Ein Grundeinkommen wird selbstverständlich nicht von heute auf morgen die patriarchalen Strukturen unserer Gesellschaft abschaffen, aber damit, dass es allen Menschen eine eigenständige soziale Sicherheit schafft, ermöglicht es jeder und jedem, sich auch aus persönlichen Abhängigkeiten zu lösen. Nicht zufällig hört man als Antwort auf die Frage: „Was würdest du in deinem Leben ändern, wenn du monatlich 1000 Euro gesichertes Einkommen hättest?" schon mal die Antwort: „Ich würde mich scheiden lassen!"

www.grundeinkommen-attac.de

Geschlechtliche Arbeitsteilung

Immer wieder kommt es vor, dass in Veranstaltungen über das bedingungslose Grundeinkommen (meist ältere) Frauen aufstehen und sagen: „Wenn ich so etwas gehabt hätte, wäre mein Leben anders verlaufen!" Dennoch spielt die Frage der geschlechtlichen Arbeitsteilung in der Debatte um das BGE erst seit wenigen Jahren eine unterstützende Rolle. Bis vor kurzem wurde vor allem der weitgehende Ausschluss von Frauen aus den Bereichen der Erwerbsarbeit betont, die soziales Prestige und hohes Einkommen mit sich bringen. Das Grundeinkommen wurde nicht selten als „Herdprämie" denunziert.

Zum Lesen

- *Christa Wichterich: Gleich, gleicher, ungleich. Paradoxien und Perspektiven von Frauenrechten in der Globalisierung*. Verlag Ulrike Helmer, Sulzbach 2009, 240 Seiten, ISBN 978-3-89741-289-7, 19,90 €

„Feministische Ökonomie", schreibt Christa Wichterich, „nimmt das Ganze der Wirtschaft und alle Formen der Arbeit, bezahlte wie unbezahlte, Produktion wie Reproduktion oder Sorgarbeit als wertschöpfend und unauflösbar miteinander verwoben in den Blick." (S. 209) Damit benennt sie die entscheidende Gemeinsamkeit, die Vorstellungen von einem bedingungslosen Grundeinkommen einlösen müssten, wenn sie emanzipatorisch und zukunftsfähig sein sollen. Die Überschneidungen sind offensichtlich, auch wenn im Buch die ausdrückliche Forderung nach einem BGE keine Rolle spielt: „Wo aber infolge gesteigerter Produktivität weniger bezahlte Arbeit notwendig ist, um gesellschaftlichen Wohlstand zu produzieren, könnte dies auch als Chance zur Neuverteilung aller Arbeit, Erwerbs-, Sorge- und Freiwilligenarbeit genutzt werden." (S. 218)

Exner/Rätz/Zenker (siehe Tafel 16) haben ein ausführliches Kapitel zu „Erfolgreiche Frauen, endlich auf dem Arbeitsmarkt?", wo Christa Wichterich in ihrem Beitrag auch ein BGE fordert.

Im Internet

- http://library.fes.de/pdf-files/wiso/05590.pdf

Analyse von Grundeinkommensmodellen unter feministischer Perspektive

- http://www.krisis.org/thema/patriarchat-und-geschlechterverhaeltnis

Wertkritische Webseite mit sehr grundsätzlichen Analysen zum Geschlechterverhältnis

- http://www.labournet.de/diskussion/arbeit/existenz/frauen.html

Feministische Debatte um das BGE

- http://www.boell.de/wirtschaftsoziales/wirtschaft-soziales-2568.html

Susann Worschech: Dossier Soziale Sicherung neu denken. Die Debatte um bedingungsloses Grundeinkommen und bedarfsorientierte Grundsicherung aus feministischer Sicht

- http://www.gutesleben.org

Gruppe Gutesleben, sinnvolles Zusammenleben im ausgehenden Patriarchat

Wer macht diese Arbeiten?

Allerdings darf man nicht meinen, das Grundeinkommen wäre so eine Art Wunderrezept, das uns ganz automatisch ins Paradies bringt. Insbesondere ein Aspekt ist daran problematisch, und ich finde es inzwischen sehr ärgerlich, wie hartnäckig sich insbesondere männliche Grundeinkommens-Befürworter weigern, das Thema anzugehen: die Frage, wie das mit der Haus- und Fürsorgearbeit geregelt werden soll.

Viele scheinen sich das so vorzustellen, dass Hausarbeit, Kindererziehung, Pflege von Kranken und Alten doch umso besser im Privaten geregelt werden kann, wenn wir erstmal ein Grundeinkommen haben. Denn es sei doch ein Vorteil, wenn diejenigen, die diese Arbeiten bislang gratis und stillschweigend erledigten (mehr Frauen als Männer, früher nannte man sie „Hausfrauen"), dann ihr eigenes Geld hätten.

Natürlich kommt dieses „Wir erledigen die Fürsorgearbeiten privat und ohne Bezahlung, weil es gibt ja ein Grundeinkommen"-Argument vorderhand geschlechtsneutral daher (theoretisch können ja auch Männer ihre alten Eltern pflegen). Aber trotzdem ist hier eine gewisse Skepsis angesagt. Würden die Männer das denn auch in der Praxis umsetzen? Genauso selbstverständlich wie die Frauen? Im Schnitt, nicht nur im Einzelfall?

Sascha Liebermann, einer der maßgeblichen Protagonisten des Grundeinkommens in Deutschland, wurde nach einem Vortrag von einer Teilnehmerin genau das gefragt: Wer denn die unbeliebten Arbeiten machen würde, wenn wir erstmal ein Grundeinkommen hätten. Als Beispiel wählt er das Kloputzen. Wenn wir nicht wie jetzt Menschen dazu zwingen, weil sie keine andere Möglichkeit haben, an Geld zu kommen, dann hätten wir drei Möglichkeiten: Wir können diese Arbeiten besser bezahlen, wir können uns technische Möglichkeiten ausdenken, sodass sie nicht mehr nötig sind, und wir können die Arbeit selber machen.

Das stimmt natürlich. Allerdings hat er eine vierte Möglichkeit vergessen, nämlich dass diese Arbeit einfach nicht mehr gemacht wird. Beim Kloputzen ist das durchaus eine Option – bleibt das Klo halt dreckig. Wem's stinkt, der wird sich schon was einfallen lassen. Das Liebermann-Modell baut darauf, dass sich mit dem Grundeinkommen neue Aushandlungsprozesse initiieren lassen, die dann höchstwahrscheinlich auf eine bessere Lösung hinauslaufen. Das glaube ich in der Tat auch. Das Problem an dieser Idee ist nur, dass dieser Plan bei den meisten der klassischen Fürsorgearbeiten nicht funktionieren kann: Wenn Babies gewickelt und gefüttert werden müssen, wenn Alte versorgt werden müssen, dann kann man es nicht drauf ankommen lassen. Hier haben wir es nämlich nicht mit Dingen zu tun, sondern mit Menschen, mit Menschen, die auf die Hilfe anderer angewiesen sind, und zwar jetzt und sofort.

Das Modell „Bezahlen wir mehr" funktioniert nur für die Reichen unter ihnen. Das Modell „technische Lösungen" greift hier auch nur zum kleinen Teil, weil es nicht nur um „Arbeit", sondern auch um Zuwendung geht. Und das Modell „Selber machen" funktioniert sowieso nicht, weil die Arbeit ja überhaupt nur deshalb anfällt, weil diejenige Person, um die es geht, sie nicht selbst machen kann.

Also: Wer macht diese Arbeiten, wenn wir keine billigen Erzieherinnen, Krankenschwestern, Altenpflegerinnen mehr haben? Oder anders gesagt: Wie stellen wir sicher, dass sie auch dann noch getan werden, und zwar jederzeit und sofort, wenn wir niemanden mehr dazu zwingen können?

Auf diese Frage gibt das Grundeinkommen für sich genommen keine Antwort.

Gekürzt aus: http://antjeschrupp.com/2010/09/02/wer-macht-die-unbeliebten-arbeiten-zum-blinden-fleck-des-grundeinkommens

Grundeinkommen:
Anerkennung aller Formen gesellschaftlicher Arbeit

96 Mrd. Stunden werden jährlich von Menschen allein in Deutschland in ehrenamtlicher Tätigkeit geleistet – gegenüber 56 Mrd. Stunden Erwerbsarbeit. Alle diese Tätigkeiten sind notwendig und wichtig.

www.grundeinkommen-attac.de

Kreativität

Viele haben die Erwartung, von einem bedingungslosen Grundeinkommen profitieren zu können, aber für kaum eine Gruppe dürfte dies so realistisch sein wie für alle Kreativen. Dabei ist nicht einmal in erster Linie an diejenigen zu denken, die immer schon mal einen Roman schreiben oder ein Bild malen wollten, es sich aber nicht zutrauen, weil sie angesichts ihrer Erwerbsarbeit die Zeit dazu nicht finden und am Verkaufserfolg zweifeln. Die hätten natürlich von einem BGE auch etwas zu gewinnen. Aber das gilt ebenso oder noch mehr für die Tüftler, die dauernd Dinge erfinden, ohne ihre Marktfähigkeit zu testen, oder für KleinunternehmerInnen, deren Einnahmen zwar für die Angestellten, nicht aber zum eigenen Überleben reichen. All die nützlichen Produkte und Dienstleistungen, die hier entstehen könnten, werden ohne ein BGE ausbleiben.

Zum Lesen

- *Ronald Blaschke, Adeline Otto, Norbert Schepers (Hg.): Grundeinkommen. Geschichte – Modelle – Debatten.* Dietz Verlag, Berlin 2010, 442 Seiten, ISBN 978-3-320-02210-5, 29,90 €

Ronald Blaschke zeichnet die Geschichte der Grundeinkommensidee als eine Geschichte des philosophischen Denkens. Dabei nimmt er die jeweilig ersten historischen Überlegungen zu bestimmten Aspekten zum Anlass, deren Weiterentwicklung darzulegen und aktuelle Debatten daran zu verdeutlichen. Diese Methode führt dazu, dass selbst einige Dimensionen des Themas, die heute überall präsent sind, neue Facetten gewinnen. Sie treten sozusagen aus ihrem Eingesperrtsein in zeitbedingte Festlegungen heraus und werden wieder spannend. Gründlich dringt das Buch in viele Bereiche ein, die in so manchen Fragen und Diskussionsbeiträgen im hektischen Alltag zwar anklingen, aber nie ausdiskutiert werden.

Im Netz

- www.youtube.com/watch?v=Wc9XGdy5jDE_

Video von Ralph Boes, Bürgerinitiative bedingungsloses Grundeinkommen

- www.archiv-grundeinkommen.de/blaschke/20100129-Grundeinkommen-und-Taetigkeitsgesellschaft.pdf

Vortrag von Ronald Blaschke, Seoul 2010

Wenn die Befreiung von Sorgen Angst macht

Die Forderung nach einem Grundeinkommen öffnet ein weites Fenster mit Blick auf Möglichkeiten, sich gesellschaftliches Zusammenleben ganz anders, viel einfallsreicher als heute üblich, vorzustellen. Sie regt uns an, uns auszumalen, welche in uns schlummernden Möglichkeiten geweckt würden, wenn erst einmal der Druck von allen abfallen würde, sich abzumühen und zu verrenken, um sich jene Konsumgüter zu sichern, die die wesentlichen materiellen Bedürfnisse befriedigen und ein Leben mit einem Mindestmaß an Selbstbestimmung und Würde erlauben. Die vielen neuen Wege, die die menschliche Kreativität gehen würde, sobald sie genügend Raum für ein einigermaßen angstfreies Ersinnen und Erproben hätte, werden zum größten Teil wohl erst dann erkennbar, wenn sie sich in einem solchen freieren Raum auch wirklich bewegen kann.

Eine grundlegende Voraussetzung, die am Anfang jeder Auseinandersetzung um ein bedingungsloses Grundeinkommen stehen muss, ist allerdings so offensichtlich, dass bereits ein sehr geringes Maß an Vorstellungskraft ausreichen würde, um sie sich eindringlich ins Bewusstsein zu rufen. Sie betrifft die Tatsache, dass unsere Gesellschaft es mit sehr mäßigem Aufwand verwirklichen könnte. Schon einfachste Kenntnisse über den Produktivitätsstand der heutigen Wirtschaft müssten zum Schluss führen:

Welche Probleme es mit der Gewährleistung von Gütern und Dienstleistungen, die Überleben und annehmliche Lebensbedingungen sichern, auch immer geben mag, sie können auf keinen Fall darin bestehen, dass sie nicht in ausreichender Menge erzeugt würden oder leicht erzeugt werden könnten.

Auch wenn man sich noch nie mit Produktionszahlen oder ökonomischen Theorien befasst hat, kann man das, worauf es ankommt, mit freiem Auge mühelos erkennen – vorausgesetzt, man ist bereit, mit den eigenen Augen zu sehen. Man bräuchte streng genommen nicht einmal die vier Grundrechenarten zu kennen, um ohne Weiteres zu verstehen, dass das heutige Krisenszenario und die damit einhergehende Einkommensunsicherheit nicht von einem Mangel, sondern von einem enormen Überschuss an Kapazitäten und Gütern herrührt. Es ist ja mit Händen zu greifen, dass es da nicht um Befürchtungen geht, dass die Nachfrage nach Gütern nicht beliefert werden könnte, sondern im Gegenteil um die akute Sorge, für die überreichlich produzierten (und noch reichlicher produzierbaren) Güter zu wenig Nachfrage zu finden.

Nun muss es aber auch Motive eines tief verwurzelten Widerstands geben, die sich gegen die Wahrnehmung sperren, wie reichlich die Mittel unserer Gesellschaft mit wie mäßigem Aufwand zur Verfügung stehen könnten. Diese Motive des Widerstands werden von vorherrschenden ideologischen Einflüssen, den stummen Zwängen und zermürbenden Räderwerken des gesellschaftlichen Alltags sicher wesentlich unterstützt, können aber ebenso sicher nicht grundlegend von ihnen verursacht werden.

Es liegt auf der Hand, dass es gerade diese Aussichten auf glücklichere Lebensbedingungen, auf Erfüllung von Wünschen und Befreiung von Ängsten sind, gegen die derart massive (unbewusste und bewusste) Widerstände mobilisiert werden. Jedes Engagement für gesellschaftliche Anliegen der Überwindung wirtschaftlicher Existenzunsicherheit sollte sich also sehr eingehend mit den in den Tiefen unseres Seelenlebens oft mächtig verankerten Einstellungen auseinandersetzen, die sich dagegen wehren, dass es uns und anderen angeblich zu gut gehen könnte.

Josef Berghold (2007), gekürzt aus Exner et al. (s. Tafel 16)

Exkurs

Wissen und Wert, immaterielle Arbeit und Produktivität

Der Begriff der „immateriellen Arbeit" spielt im jüngeren Diskurs der Poltischen Ökonomie eine bedeutende Rolle. Viele beziehen sich dabei auf das Buch Empire von Michael Hardt und Antonio Negri. Unabhängig davon ging das Denken von André Gorz seit geraumer Zeit in diese Richtung. Da er sich dabei immer wieder auch mit dem bedingungslosen Grundeinkommen, seiner Konzeption und Begründung auseinandergesetzt hat, wollen wir seinen Ansatz hier (notwendig verkürzt) darstellen. Wir stützen uns dabei auf sein Buch Wissen, Wert und Kapital, das zuerst 2003 erschienen ist. Dabei setzen wir wörtliche Zitate in Anführungszeichen und verzichten auf Seitenabgaben.

Arbeit, Wert und Kapital sind nach Marx die Grundkategorien des Kapitalismus. Dabei ist Arbeit nicht das konkrete Tun der Menschen, sondern die Fähigkeit dieses Tuns, seinem Produkt Wert zu verleihen. Das Produkt gehört dabei nicht der ProduzentIn, sondern derjenigen Person, die sie für ihr Tun bezahlt und auch die Rohstoffe und Produktionsmittel gekauft hat. Dieses vorgeschossene Geld verwandelt sich im Laufe des Arbeitsprozesses in ein Produkt, das für eine größere Summe verkauft werden kann als die vorgeschossene. Dadurch ist es zum Kapital geworden, in Marx'scher Sprache zu „Geld heckendem Geld".

Diese drei Grundkategorien existieren also nicht unabhängig voneinander und sind auch je in sich selbst nicht auffindbar. Sie erscheinen erst im Austausch von Waren: Erst der Kauf der Arbeitskraft und der erfolgreiche Wiederverkauf von deren Produkt macht die gemeinsame Substanz der drei sichtbar: „die in Zeiteinheiten messbare Menge abstrakter, warenförmiger Arbeit. Die in Waren kristallisierte durchschnittliche Arbeitsmenge misst letzten Endes das Äquivalenzverhältnis – den (Tausch-)Wert – der Waren."

Nunmehr vollzieht sich im modernen Kapitalismus ein Prozess, der diese drei Grundkategorien in Frage stellt, ja eigentlich schon überholt hat. Immer mehr Wissen spielt im Produktionsprozess eine Rolle. Schon immer war in den Maschinen und Arbeitsverfahren auch gesellschaftlich erworbenes Wissen der Vergangenheit gespeichert. Aber mit der sehr weit fortgeschrittenen Elektronifizierung der Produktion ist eine neue Qualität erreicht. Das in die Software eingegangene Wissen kann keiner persönlichen Arbeitsleistung mehr zugeordnet werden. Im Gegenteil, oft entsteht es überhaupt erst in der Kooperation, im gemeinsamen Entwicklungsprozess, so dass die Software mehr ist als die Summe der individuellen Beiträge zu ihrer Entstehung.

Das klingt banal, bedeutet aber, dass der Wert der elektronischen Elemente des Produktionsprozesses nicht mehr bestimmt werden kann. Die abstrakte Arbeit, die bloße Verausgabung von menschlichem Hirn und Muskelkraft, hatte Marx als Maß des Werts und damit auch des Mehrwerts bestimmt. Nun versagt dieses Maß, und zwar nicht zufällig, sondern systematisch. Die Wissensarbeit, die zur Software führt, hat keine Wert, zumindest keinen messbaren. Gorz zitiert den damaligen Personalchef von Daimler-Chrysler: „Die Leistung der Einzelnen wird zunehmend nicht mehr an der Anwesenheit im Unternehmen, sondern an den erreichten Zielen und der Qualität der Ergebnisse gemessen."

Was gut klingt, schafft der Mitarbeiterin ein Problem: Ihre Arbeit(szeit) wird entgrenzt, sie muss rund um die Uhr für das Unternehmen verfügbar sein und all ihre Fähigkeiten mobilisieren. In der Vergangenheit setzte das Unternehmen Druck und Motivationskunst ein, damit die Beschäftigten fleißig arbeiteten. Heute richten die Beschäftigten sich selbst so zu, dass sie wie UnternehmerInnen funktionieren. So fließt nicht nur ihre bloße Tätigkeit, sondern all ihr Können, ihre Fantasie, man könnte fast sagen sie selbst mit Haut und Haaren, in ihre Arbeit und deren Produkt mit ein. Zwar findet rein abstrakte, messbare Arbeit nach wie vor in großem Umfang statt, aber „das Herz der Wertschöpfung ist die immaterielle Arbeit".

Da das Produkt immer noch dem Unternehmen gehört, hat das den Profit. Allerdings hat der Preis gar nichts mehr mit dem Wert, mit der aufgewandten Arbeitszeit, zu tun. Er bestimmt sich vielmehr ähnlich wie bei Kunstwerken aus dem, was die KundInnen zahlen können und wollen. Erklärt man ihnen, wie einzigartig das Produkt und seine SchöpferIn ist, dann wird das sehr viel sein können. Noch liegt der Vorteil also beim Unternehmen, aber es hat auch ein Problem: Das lebendige Wissen der MitarbeiterInnen ebenso wie das in der Software gespeicherte tote Wissen lassen sich nicht mehr so recht kontrollieren. Die Beschäftigten könnten anfangen, gemeinsam und miteinander zu arbeiten, und die Software lässt sich praktisch zu Nullkosten vervielfältigen. Das elektronische Wissen kann sogar selbst produktiv werden, indem es „komplexe Interaktionen zwischen einer Vielzahl von Akteuren und Variablen organisieren und regeln" kann. Damit „erspart es Unmengen von bezahlter gesellschaftlicher Arbeit und verkleinert den monetären Tauschwert einer wachsenden Anzahl von Produkten und Dienstleistungen". So wird eine „Ökonomie der Fülle" sichtbar, die „tendenziell zu einer Umsonst-Ökonomie" führt, „zu Produktions-, Kooperations-, Tausch- und Verbrauchsformen, die auf Gemeinsinn und Gemeinwesen basieren".

„Der gesellschaftlich produzierte Reichtum ist ein Kollektivgut, zu dessen Schöpfung der besondere Beitrag jeder und jedes Einzelnen heute noch weniger als je zuvor messbar ist. Das Recht auf ein ausreichendes, bedingungsloses und universelles Einkommen entspricht letztendlich der Vergesellschaftung eines Teils dessen, was wissentlich oder unwissentlich produziert wurde."

Mehr Informationen

- http://www.grundrisse.net/grundrisse31/kreative_arbeit.htm
Webseite der österreichischen Zeitschrift Grundrisse mit tiefgehenden Texten u.a. des Philosphen Karl Reitter

- http://www.wissensgesellschaft.org/themen/orientierung/welchegesellschaft.html
Text von Gorz auf der Webseite der Heinrich Böll Stiftung mit weiteren Links zu Wissensgesellschaft und verwandten Themen

Tafel 24

Grundeinkommen:
Wer gewinnt?

Arme:

2,4 Milliarden Menschen leben in Armut, ca. 1/3 der Weltbevölkerung. 1,4 Milliarden leben in absoluter Armut (haben weniger als 1 $ pro Tag zur Verfügung)

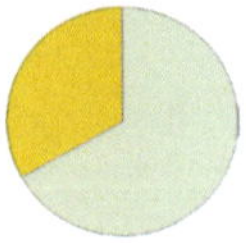

Erwerbslose:

Erwerbstätige 39,7 Mio - Erwerbslose 3,6 Mio (Stat. BA für 2007)

Bschäftigte in „schlechten" Jobs:

* ca. 2 Millionen im Niedriglohnsektor
* 2,5 Millionen haben Befristungen
* Fast 5 Millionen Minijobs
* 750.000 Menschen als Leiharbeiter

Personen in persönlicher Abhängigkeit:

Frauen

50 % nach Stiftung Weltbevölkerung

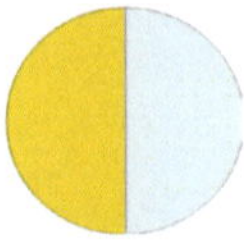

Kreative

Süden

82 % der Weltbevolkerung (5,5 von 6,7 Mrd) leben in der Dritten Welt.

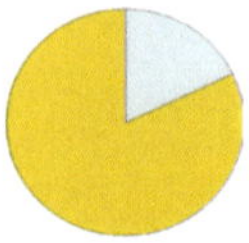

www.grundeinkommen-attac.de

Gesellschaftlichkeit

„There is no such thing as society" (So etwas wie eine Gesellschaft gibt es nicht), sagte einst die damalige britische Premierministerin Margaret Thatcher und bewies damit nur, wie blind neoliberale IdeologInnen durch die Welt taumeln. Weil wir Menschen nicht alleine auf der Welt sind, sondern uns immer schon als eine oder einer von vielen erleben, erscheint uns Gesellschaft selbstverständlich. Aber das ist sie nicht. Sie muss hergestellt werden und das verlangt Mechanismen, die tatsächlich alle einschließen, oder besser wäre es zu sagen, die alle binden: Gesellschaft kennt zwar durchaus Ausschlüsse, aber sie ist dennoch eine Zwangsveranstaltung, in die ich als Einzelne nicht beliebig ein- oder austreten kann.

Zum Lesen

- *Christine Ax: Die Könnensgesellschaft. Mit guter Arbeit aus der Krise.* Rhombos Verlag, Berlin 2009, 276 Seiten, ISBN 978-3-93880 796-5, 29,80 €

Die profunde Kennerin des Handwerks und seiner Geschichte beschreibt die Bedeutung von „guter Arbeit" in den verschiedenen Wirtschaftsepochen Europas. Dabei wird Arbeit als Vermögen, als Könnerschaft sichtbar. Ihr Kern ist eine kulturelle, keine rein ökonomische Dimension. Können und Kunst hängen eng zusammen. Kann sich das Können in der Arbeit verwirklichen, dann erscheint es auch im Produkt, ebenso wie sich die Ödnis moderner sklavenähnlicher Arbeitsverhältnisse in ihren sinnlosen und öden Produkten spiegelt. „Irrsinnig und absurd an der Lage Europas (ist), dass unsere Armut schon lange nicht mehr aus Mangel an Gütern, Vermögen oder Geld erwächst, sondern aus einem sinnlos gewordenen industriellen ‚Fleiß'." So werden nicht nur das Können und die Möglichkeiten der Menschen zerstört, sondern auch Natur und Gesellschaft. Die Alternative wären „gute Arbeit, gute Produkte und eine nachhaltige Wirtschaft von unten". Ein BGE wäre eine große Hilfe dabei.

- *Lebenslagen in Deutschland. Der Dritte Armuts- und Reichtumsbericht der Bundesregierung.* Bundesanzeiger Verlag, Berlin 2008, 228 Seiten, 12,60 €

Auch im Internet unter http://www.bmas.de/portal/26896/lebenslagen__in__deutschland__der__3__armuts__und__reichtumsbericht__der__bundesregierung.html

Im Internet

- www.erlassjahr.de/dev2/cms/front_content.php

Webseite der (deutschen Sektion der) Kampagne Entwicklung braucht Entschuldung

Was wollen wir überhaupt produzieren?

Wenn die Teilhabe am gesellschaftlichen Reichtum und Leben ein Menschenrecht ist, dann stellt sich die Frage, wie sich dieses Recht realisiert und worin die Teilhabe besteht. Auch wenn Marktgläubige eine radikal auf Markt und Familie reduzierte Form von „Gesellschaft" propagieren, gibt es die in der Wirklichkeit nirgendwo. Immer schon leben Menschen in größeren Zusammenhängen, Gruppen, Netzwerken. Ehe die Individuen den Markt betreten können, müssen sie geboren und aufgezogen werden, müssen essen, trinken, schlafen, müssen als mindestes lernen, welche Bedürfnisse es denn geben könnte, für die man auf dem Markt ein Angebot machen kann und vieles andere. Gesellschaft ist tatsächlich längst vor den Einzelnen und vor ihren Familien da. Und doch ist ihre konkrete Gestalt keineswegs selbstverständlich und noch viel weniger ist sie immer und überall die gleiche. Wie entsteht sie? Was hält sie zusammen?

Bisher hat Arbeit, genauer gesagt Erwerbsarbeit, einen zentralen Stellenwert. Das kritisieren wir in diesem Buch, dabei gilt sie einigen als der Kern von Teilhabe. Vergesellschaftung durch Erwerbsarbeit bedeutet angesichts von Elektronifizierung und rasantem Produktivitätsfortschritt, dass eine oder zwei Milliarden Menschen weltweit nicht gebraucht werden. Erwerbsarbeit verteilen auf alle, die daran teilnehmen wollen? Aber ja, niemand darf davon ausgeschlossen werden.

Erwerbsarbeit zur Bedingung machen, um Zugang zu Sozialsystemen, Einkommen, gesellschaftlichem Status zu erhalten? Aber nein, viele wesentliche Aspekte der gesellschaftlichen Produktivität finden außerhalb der Erwerbsarbeit statt und verdienen die gleiche Anerkennung. Es müsse doch alles erst einmal produziert werden, ehe etwas verteilt werden kann? Aber ja, der gesellschaftliche Reichtum fällt nicht vom Himmel. Menschen müssen ihn herstellen. Aber die Frage, die der Produktion voranzustellen wäre, lautet: „Was wollen wir denn eigentlich produzieren und wie soll dies geschehen?“ Denn das ist es, was not-wendig wäre, was also die Not wenden würde, die Frage nach dem Inhalt unseres Tuns und Produzierens.

Wir verbinden mit der Forderung nach einem Grundeinkommen mehr als nur einen Vorschlag zur sozialen Absicherung aller Menschen in einer Gesellschaft. Das ist sie selbstverständlich auch und diese Qualität darf nicht unterschätzt werden, ist doch auch Armut ein Mechanismus, der Gesellschaftlichkeit zerstört.

Aber darüber hinaus zielt die Grundeinkommensforderung darauf, wie Gesellschaft anders als aus (Arbeits-)Zwang entstehen könnte. Ihr Kern ist, jeden Menschen als gleichrangiges und gleich wichtiges Glied der Gesellschaft anzuerkennen, völlig unabhängig von seiner konkreten Nützlichkeit. Die Einführung eines BGE wäre nicht identisch mit der Verwirklichung einer neuen Vergesellschaftung, aber sie würde Möglichkeiten eröffnen. Ein BGE muss nicht, kann aber dazu führen, dass eine ganze Reihe von drängenden Fragen endlich auch real gestellt werden: Was ist das eigentlich, der gesellschaftliche Reichtum? Sind wir damit zufrieden, dass er sich in einer „ungeheuren Warensammlung“ darstellt, die wir mit ihrem eigenen Doppelgänger, dem Geld, erwerben können, um sie dann zu konsumieren, ohne jemals entschieden zu haben, dass es genau das ist, was wir tatsächlich brauchen? Benötigen wir Atomkraftwerke, Gentechnologie und immer mehr Agrochemie oder ganz andere Dinge? Was wollen wir überhaupt produzieren und wie wollen wir das tun? Erst in einer Gesellschaft, in der niemand um die persönliche materielle Existenz fürchten müsste, könnten diese Fragen ernsthaft diskutiert werden.

Gekürzt und bearbeitet aus: Werner Rätz, Attac, in: Willi Baer, Karl-Heinz Dellwo, Attac: Gipfelstürmer und Straßenkämpfer, Laika Verlag, Hamburg 2010, 128 Seiten, ISBN 978-3-94228 179-9, 24,90 €

Grundeinkommen:
Eine Gesellschaft aus freier Übereinstimmung
Wenn Menschen keine Angst mehr um ihr materielles Überleben haben müssen, dann können sie frei entscheiden, wie sie leben wollen. Dann werden die wirklich wichtigen Fragen einer Gesellschaft entscheidbar:
Was gehört zu einem guten Leben? Was sollen wir dafür produzieren und wie wollen wir das tun?
www.grundeinkommen-attac.de

Gutes Leben

„Die praktische Nutzanwendung des Menschenrechts der Freiheit", schrieb Karl Marx 1843 in der Schrift „Zur Judenfrage" (MEW 1), „ist das Menschenrecht des *Privateigentums*, also das Recht, willkürlich, ohne Beziehung auf andere Menschen, unabhängig von der Gesellschaft, sein Vermögen zu genießen und über dasselbe zu disponieren, das Recht des Eigennutzes". Ebenso wie das Konzept der Globalen Sozialen Rechte (siehe Tafel 9) ist die Vorstellung des *Buen Vivir* (Gutes Leben) ein Versuch, Freiheit mit sozialer Gesellschaftlichkeit zu versöhnen. Bei Marx hieß das „eine Assoziation, worin die freie Entwicklung eines jeden die freie Entwicklung aller ist".

Zum Lesen

- *Andre Gorz: Auswege aus dem Kapitalismus. Beiträge zur politischen Ökologie.* Rotpunktverlag, Zürich 2009, 128 Seiten, ISBN 978-3-858693 91-4, 16,00 €

Das zentrale Interesse Gorz' gilt dem Umstand, dass Reichtumsproduktion in moderen Gesellschaften immer mehr von Wissen abhängig ist und immer weniger von der „Verausgabung von Hirn und Muskelkraft" in der Zeiteinheit, als welches Marx das Wesen der (abstrakten) Arbeit noch beschrieben hatte. Wissen aber ist von seiner Natur her ein Allgemeingut, das allen gehört. Wenn ich es weitergebe, geht es mir nicht verloren, wenn es mit anderen geteilt wird, wird der eigene Anteil nicht kleiner. Es widerspricht in seiner Natur also völlig der Warenbestimmung, in der ja genau das wesentlich ist, dass es für die/den VorbesitzerIn verloren ist, wenn es verkauft wurde. Aus diesen Überlegungen folgen zwei Konsequenzen. Erstens ist „eine Ökonomie des Wissens dazu berufen, eine Ökonomie der Gesellschaftlichkeit und der Unentgeltlichkeit zu sein, das heißt das Gegenteil einer Ökonomie". Und zweitens ist, wenn „immer mehr Reichtümer mit Hilfe von immer weniger Arbeit" hergestellt werden können, „die Arbeit nicht mehr das Maß des Reichtums und die Arbeitszeit nicht mehr das Maß der Arbeit". Aus beidem folgt Berechtigung und Notwendigkeit eines BGE.

Im Internet

- http://www.attac-netzwerk.de/ag-lateinamerika/buen-vivir/?L=2
Webseite der Attac AG Lateinamerika zu Buen Vivir/Gutes Leben
- http://www.zeitschrift-luxemburg.de/?p=1055
Artikel zu Buen Vivir/Gutes Leben mit Literatur und Links

Das Buen Vivir ...

...(Gutes Leben) ist kein neues oder eigenes Konzept, das in den Andenländern während der politischen Prozesse zu Beginn des 21. Jahrhunderts entstand, sondern Teil einer langen Suche nach Alternativen, der aus den Volkskämpfen, vor allem jener der indigenen Völker, hervorgegangen ist.

Buen Vivir bietet eine Gelegenheit, gemeinsam eine neue Lebensweise zu gestalten. Es ist ein wichtiger qualitativer Schritt zur Dekonstruktion der traditionellen Vorstellungen von Fortschritt und Entwicklung. Um zu verstehen, was *Buen Vivir* beinhaltet, müssen wir uns auf die Weltanschauung der indigenen Nationalitäten und Völker zurückbesinnen. Dieser anerkennende Rückblick schließt weder eine Modernisierung der Gesellschaft noch wichtige technologische Fortschritte aus. Bedeutende Denkbeiträge der Menschheit stehen im Einklang mit dem Aufbau einer harmonischen Welt und der Philosophie des *Buen Vivir*. Ein fortlaufender und konstruktiver Dialog des traditionellen Wissens und der traditionellen Kenntnisse mit dem neuesten universellen Gedankengut wird in einem fortwährenden Prozess der Entkolonialisierung der Gesellschaft dienen.

Die indigene Weltanschauung kennt keine Entwicklung als linearen Prozess mit einem Ausgangs- und einem Endzustand oder eine Unterentwicklung, die es zu überwinden gilt. Die Dichotomie der westlichen Auffassung, wo Entwicklung den Bruch sozialer Beziehungen und der Harmonie mit der Natur verlangt, ist nicht vorhanden. Für die indigenen Völker existiert weder der herkömmliche Begriff, der Armut als Mangel an materiellen Gütern, noch der des Reichtums als Übermaß derselben.

In der indigenen Weltanschauung ist der soziale Fortschritt durch permanente Konstruktion und Reproduktion gekennzeichnet. Es geht um das Leben an sich. Materielle Güter sind nicht die einzigen bestimmenden Faktoren für das *Buen Vivir*; andere Werte sind Wissen, soziale und kulturelle Anerkennung, ethische und auch spirituelle Verhaltenskodizes, menschliche Werte oder Zukunftsvorstellungen. Das *Buen Vivir* ist Bestandteil der Lebensphilosophie der alten indigenen Gesellschaften, hat jedoch im Gefolge der westlichen Moderne und ihrer „Kolonialität der Macht" an Boden verloren. Ohne falsche Idealisierung der indigenen Lebensweise sind wir eingeladen, andere Weisheiten und Praktiken anzunehmen, in diesem Fall die der traditionell marginalisierten Nationalitäten und Völker.

Das *Buen Vivir* als Konzept stellt den westlichen Wohlstandsgedanken in Frage und birgt eine Kampfansage an die Kolonialität der Macht. Dabei ist die Anden-Vision nicht die einzige Inspirationsquelle. Auch aus Kreisen der westlichen Kultur haben sich schon vor langer Zeit viele Stimmen erhoben, welche die indigene Vision ergänzen beziehungsweise vice versa. Das Konzept des *Buen Vivir* hat nicht nur eine historische Verankerung in der indigenen Welt, es beruht auch auf einigen allgemeinen philosophischen Prinzipien – wie denen von Aristoteles oder Marx – beziehungsweise auf ökologischen, feministischen, kooperativen und humanistischen Sichtweisen.

Darüber hinaus wird die allgemeine Unmöglichkeit eines einzigen vorherrschenden Lebensstils allmählich weltweit begriffen. Das *Buen Vivir* ist auch eine Diskussionsplattform für dringend notwendige Antworten auf die verheerenden Auswirkungen des globalen Klimawandels. Unendliches materielles Wachstum könnte in einem kollektiven Selbstmord enden, wie es die steigende Erderwärmung oder die Zerstörung der Ozonschicht, der Verlust von Süßwasserquellen, die Abnahme landwirtschaftlicher und natürlicher Biodiversität, die Degradierung der Böden oder das beschleunigte Verschwinden von Lebensräumen lokaler Gemeinschaften schon anzukündigen scheinen. In diesem Sinne kann man sogar von der „Weltrevolution des *Buen Vivir*" sprechen.

Zusammengestellt aus Alberto Acosta: Buen Vivir auf dem Weg in die Post-Entwicklung. Ein globales Konzept? in: Rätz, Egan-Krieger (s. Tafel 19)

AG SPAK Bücher Neuerscheinungen – Solidarische Ökonomie

Netzwerk Grundeinkommen (Hg.)

Kleines ABC des bedingungslosen Grundeinkommens

ISBN 978-3-930830-55-8 – 2009 – 80 Seiten -- 6 €

Ein Überblick über wichtige Begriffe, Fragen und Antworten zum Grundeinkommen, Geschichte der Idee, ausgewählte Organisationen, Initiativen und Gruppen, Filme, Videos, Ausstellungen, Literatur zum Grundeinkommen.

Elisabeth Voß, NETZ f. Selbstverwaltung u. Selbstorganisation

Wegweiser Solidarische Ökonomie ¡Anders Wirtschaften ist möglich!

ISBN 978-3-930830-50-3 – 2010 – 92 Seiten – 9 €

„Solidarische Ökonomie" – was ist das überhaupt? Ein wirtschaftswissenschaftliches Fachgebiet? Ein praktisches Versuchsfeld? Die vielfältigen theoretischen Konzepte, praktischen Betriebe und Projekte Solidarischer Ökonomien werden in diesem Buch vorgestellt: Kommunen, Haus- und Gartenprojekte, Projekte in den Bereichen Soziales, Kunst, Kultur, Bildung und Medien, Frauenprojekte, Tauschringe, Umsonstläden und Open-Source-Projekte, Finanzierungsstrukturen, Netzwerke und Verbände. Der Wegweiser möchte zum besseren Verständnis und zum Kennenlernen der vielfältigen Ansätze ökonomischer Alternativen beitragen. Ergänzt wird dieser Überblick durch Beispiele von Projekten aus anderen Ländern und internationalen solidarischen Wirtschaftsbeziehungen. Linkliste zum Buch: https://mensch.coop//solioeko

Kollektiv Orangotango (Hg.)

Solidarität & Kooperation. Theorie und Praxis in Lateinamerika und Europa

ISBN 978-3-940865-07-6 – 2010 – 180 Seiten – 18 €

Inspiriert wird das Buch von aktuellen regionalen und globalen Entwicklungstendenzen hin zu solidarischen und kooperativen Formen sozioökonomischer, ökologischer und kultureller Organisation jenseits von Ausbeutung und Gewinnmaximierung.

Ein neugieriger und lernbereiter Blick macht dabei deutlich, dass Alternativen vielerorts schon gelebt werden. Die so geschlagene Brücke öffnet die Augen für die reichhaltigen solidarischen Erfahrungen und aktuellen kooperativen Ansätze der soziokulturellen Bewegungen, demokratischen Prozesse und alternativen Wirtschaftsweisen Lateinamerikas. Gleichzeitig sind Blicke über den Tellerrand ein Keim der Hoffung, erweitern die Horizonte und können neue Wege aufzeigen.

Kulturamt Berlin-Neukölln (Hg.)

Le grand Magasin. Künstlerische Untersuchungen zum Genossenschaftsmodell

ISBN 978-3-940865-05-2 – 2010 – 216 Seiten – Hardcover – deutsch/englisch – 22 €

Die Publikation ist Teil des interdisziplinären Projekts Le Grand Magasin, das von dem Künstler Andreas Wegner initiiert wurde und sich der Untersuchung kollektiver Produktion und deren Potenzial in Kunst und Ökonomie widmet. Das Projekt ermöglichte nicht nur eine Zusammenarbeit zwischen internationalen Künstlern und europäischen Genossenschaften, sondern etablierte auch über ein Jahr lang ein Modelkaufhaus für Waren aus genossenschaftlicher Produktion in Berlin. Die Publikation fungiert gleichzeitig als Dokumentation des Projekts und als unabhängiger Reader. Neben Berichten über die Recherchen in europäischen Genossenschaften wird das Modellkaufhaus in Berlin ebenso vorgestellt wie die Ausstellungen in der Emil-Filla-Galerie der Jan-Evangelista.-Purkyn-Universität in Ustí nad Labem (CZ), der Trafo Galerie in Budapest und dem Institut für Zeitgenössische Kunst in Dunaújváros (HU).